안나와 파비오, 월터와 마리오에게

지글지글 행성을
구출하는
짜릿한
지구교실

재미있게 제대로 25
지글지글 행성을 구출하는
짜릿한 지구 교실

잔루카 렌티니 글 | 조에스더 그림 | 황지민 옮김

1판 1쇄 펴낸날 2015년 11월 5일 | **1판 5쇄 펴낸날** 2018년 4월 21일 | **펴낸이** 이충호 | **펴낸곳** 길벗어린이(주)
등록번호 제10-1227호 | **등록일자** 1995년 11월 6일 | **주소** 04000 서울시 마포구 월드컵북로 45 에스디타워비엔씨, 2층
대표전화 02-6353-3700 | **팩스** 02-6353-3702 | **홈페이지** www.gilbutkid.co.kr
총괄 권혁환 | **편집 1팀** 송지현 최미라 임하나 | **편집 2팀** 이은영 | **디자인** 서정민 | **마케팅** 이정욱 유소희 김서연 김형주 황혜민
총무·제작 최수용 손희정 임희영 | **ISBN** 978-89-5582-339-4-73450
그림 ⓒ 조에스더 2015

Gaia
Il pianeta Terra e il clima che cambia
Copyright ⓒ Giangiacomo Feltrinelli Editore, 2013
First published as Gaia in March 2013 by Giangiacomo Feltrinelli Editore, Milan, Italy
Korean translation copyright ⓒ Gilbut Children Publishing Co., Ltd., 2015
All rights reserved.
This Korean edition was published by arrangement with Giangiacomo Feltrinelli Editor through Shinwon Agency Co.

이 책의 한국어판 저작권은 신원에이전시를 통해 저작권자와 독점 계약한 길벗어린이(주)에 있습니다.
저작권법에 따라 한국 내에서 보호를 받는 저작물이므로 무단 전재와 복제를 금합니다.

이 책의 국립중앙도서관 출판예정도서목록(CIP)은 서지정보유통지원시스템 홈페이지(http://seoji.nl.go.kr)와
국가자료공동목록시스템(http://www.nl.go.kr/kolisnet)에서 이용하실 수 있습니다. (CIP 제어번호 : CIP2015026652)

잔루카 렌티니 글 | 조에스더 그림
황지민 옮김 | 윤순진(서울대학교 환경대학원 교수) 추천

길벗어린이

추천의 글

지구를 알아 가는 짜릿한 시간

"지구는 미래 세대에게 잠시 빌려 쓰는 것이다."라는 미국의 원주민 속담이 있다. 지구는 미래 세대에게 물려줘야 할 터전이란 뜻이다. 그런데 많은 사람들이 지구를 실컷 쓰고, 남은 것을 돌려줄 것처럼 살아간다. 우리는 흔히 지구가 '인간'들만 혜택을 누리는 공간이라 착각한다. 그러나 지구는 세상의 모든 '생명'들의 것이며 이 생명체들은 서로 연결되어 있다. 한 생물종의 멸종은 여러 단계를 거쳐 언젠가는 다른 종에게 분명 영향을 미친다. 그리고 그 결과는 인간에게 다시 되돌아온다.

만약 지구가 우리에게 맑은 공기, 물과 음식을 더 이상 제공해 주지 않는다면, 지구의 온도가 더 이상 유지되지 못해 폭염과 혹한, 홍수와 가뭄 등의 기상 이변이 일어난다면 인간은 어떻게 될까? 답은 분명하다. 우리는 단 한순간도 살아갈 수 없다.

평소 나는 지구 온난화 같은 기후 변화와 환경 위기에서 어린이들에게 길잡이가 되어 줄 책이 꼭 필요하다고 생각했다. 하지만 그들의 눈높이에 맞춰 알기 쉽고 재미나게 전달하기는 쉽지 않다. 그런데 이 책은 '가이아' 자매들과 어린이 주인공들 사이에서 일어나는 상황과 친절한 그림으로 지구 과학의 개념과 현상들을 눈에 보이듯, 손에 잡히듯 흥미롭게 풀어 나간다.

우선 지구의 각 영역 지권, 기권, 수권, 빙권, 생물권, 인류권이 어떻게 서로 영향을 주고받아 우리 삶을 이루고 있는지 '가이아'라는 등장 인물을 통해 보여 준다. 원래 가이아는 고대 그리스어로 '대지의 여신'이란 뜻인데, 대지만이 아니라 지구를 구성하는 모든 것에 깃든 생명이 바로 '가이아'다. 가이아는 다양한 장소와 상황마다 지권부터 인류권까지 각기 다른 여섯 가지 모습으로 아이들한테 나타나 말을 건넨다. 또한 지구의 기후 변화가 왜 발생하는지, 다양한 생물과 인간에게 어떤 영향을 끼치는지, 그것이 얼마나 심각한 결과를 초래하고 이러한 문제를 어떻게 풀어갈 수 있을지 친절하게 차근차근 설명한다.

  어린이들은 앞으로 우리보다 지구에서 더 오랜 시간을 살아갈 것이다. 또한 이들 역시 다음 세대에게 지구를 그대로 되돌려 줘야 한다. 이 책에 등장하는 어린이들처럼 《지글지글 행성을 구출하는 짜릿한 지구 교실》을 읽는 독자들도 일상과 연결된 가이아와 즐겁게 얘기하고 지구를 한 생명체로 이해하며 온갖 상상의 나래를 펴길 기대한다. 나아가 이 책을 통해 어린이들이 지구 행성을 위해 스스로 할 수 있는 일을 찾고 하나뿐인 지구에서 어떻게 지속 가능하게 살아갈지 모색하는 기회가 되었으면 좋겠다.

서울대학교 환경대학원 교수 윤순진

차례

추천의 글 4
찾아보기 110
작가의 말 112

01 그 돌을 절대로 만지면 안 돼! 8

02 파비오, 땅의 여신 지(地)권을 만나다 16

03 클라우디아, 바람의 여신 대기(大氣)권을 만나다 32

04 안나, 물의 여신 수(水)권을 만나다 44

05 마틸데, 얼음의 여신
빙(氷)권을 만나다 56

06 윌터, 생명의 여신
생물(生物)권을 만나다 69

07 마리오, 인간의 여신
인류(人類)권을 만나다 81

08 지구의 여신 가이아의
마지막 부탁 91

"지각이야!" 안나가 가방을 둘러메고 계단을 뛰어 올라갔다. 유리문을 지나 복도에 다다르자 먼저 온 친구들이 모여 있었다. 담임 선생님이 시계를 가리키며 고개를 저었다.

"얘들아, 해설자 선생님 옆으로 다들 모이렴. 이제 시작할 거야. 조용히 좀 하라니까!"

안나와 파비오는 마주 보며 웃었다. 담임 선생님은 현장 학습을 나올 때마다 똑같은 잔소리를 늘어놓곤 했다. 자연사 박물관의 해설자 일라리아 선생님이 진열장이 가득한 전시실 한가운데 서 있었다.

"여러분! 자연사 박물관에 온 걸 환영해요. 여러분이 가장 보고 싶어 하는 게 공룡이죠? 약속할게요. 절대 실망하지 않을 거예요. 어느 누가 고대 파충류를 안 좋아하겠어요. 하지만 자연사 박물관은 그것보다 훨씬 특별한 장소랍니다. 지구가 자기 이야기를 직접 들려줄 거예요. 그

이야기는 암석에 쓰여 있지요.

　암석은 고대 바다의 모습을 말해 주는가 하면, 우리를 열대 바닷가와 높은 산맥으로도 데려가요. 각 지질 시대에 살았던 놀라운 생명체들과 그들이 숨 쉬던 공기의 성분도 알려 주지요. 또 빙하의 차가움과 지구 내부의 뜨거움도 느끼게 해 줘요. 이 전시실을 한번 둘러보세요. 진열장에 들어 있는 암석들이 모두 평범해 보이죠? 그럴 거예요. 하지만 이 암석 하나하나는 지구의 이야기를 하나씩 담은 책이에요. 암석은 지구 고대 환경의 증인이죠. 오랜 세월에 걸친 지질 작용으로 암석이 단단하고 촘촘해졌어요. 암석은 땅속 깊숙이 들어갔다가 다시 지표면으로 나오기도 했죠. 암석에 남아 있는 광물로 이런 암석의 역사를 알 수 있어요. 암석 연구는 타임머신을 타고 과거를 여행하는 것과 같아요."

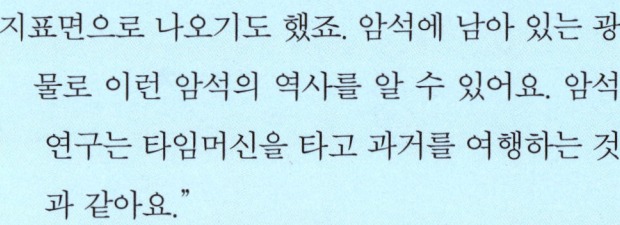

선생님의 말씀을 듣는 둥 마는 둥 저마다 딴짓을 하느라 바빴다. 클라우디아는 맹렬하게 메모를 했다. 마틸데는 진열장에 코를 박고 서 있었다. 월터는 신나게 휴대 전화 게임을 했다.

"나한테는 그냥 다 돌이야." 마리오가 속삭였다.

일라리아 선생님이 주머니에 손을 넣어 열쇠 꾸러미를 꺼냈다. 그러고는 오른쪽 진열장을 열어 네모난 돌을 꺼내 들었다. "이 돌은 절대 만지면 안 돼요. 알겠죠?"

그 돌은 작은 동물의 화석으로 30센티미터를 채 넘지 않았다. 일라리아 선생님이 작은 동물의 머리에서 시작해서 살짝 튀어나온 척추를 손가락으로 쭉 훑었다. 선생님은 날카로운 이빨과 가슴, 배의 어두운 부분과 꼬리까지 보여 주었다. "가까이 와 봐요. 돌 안에 새끼 공룡이 들어 있어요. 얼마나 작은지 보이나요? 태어난 지 얼마 안돼서 화석이 된 것 같아요. 여러분, 또 뭐가 보여요?"

아이들이 일라리아 선생님 주위로 몰려들며 소리쳤다. "아무것도 안 보여요!" "날개가 보여요! 저거 날개 맞죠?" "무슨 소리야? 공룡은 날개가 없어!" "배 속에 있던 위나 창자도 보이는 거야?" "몰라! 난 아무

것도 안 보여."

"이 새끼 공룡은 날개가 없어요." 일라리아 선생님이 중간에 끼어들었다. "이 화석은 두 발로 다니는 작은 육식 공룡이에요. 가늘고 뾰족한 이빨을 보면 알 수 있어요. 약 1억 8000만 년 전부터 1억 3500만 년 전까지인 중생대 쥐라기에 살았죠.

중요한 건 공룡만이 아니에요. 이 화석을 구성한 물질도 매우 중요해요. 이 암석은 강바닥에서 만들어졌어요. 어떻게 알았느냐고요? 공룡을 둘러싼 고운 진흙 알갱이들은 강바닥에만 있거든요. 진흙 알갱이가 공룡을 완전히 감싼 덕분에 거의 완벽한 형태로 보존된 거예요. 당시의 기후가 작은 공룡이 살기에 딱 좋을 만큼 따뜻했다는 것도 알 수 있지요. 이건 암석이 들려줄 수많은 이야기 가운데 하나일 뿐이에요."

"선생님, 더 들려주세요!" 한 아이가 이렇게 외치는 사이, 여섯 명이 화석 쪽으로 손을 뻗었다. 일라리아 선생님은 아이들의 손 틈에서 힘겹게 화석을 빼내서 진열장에 넣었다.

"선생님이 만지지 말라고 하셨잖아! 못 들었니?" 담임 선생님이 조용히 아이들에게 주의를 줬다.

일라리아 선생님은 웃으며 진열장을 닫고 아이들에게 따라오라고 손짓했다. 드디어 본격적인 박물관 관람이 시작되었다.

진짜 지구 이야기는 이제부터다.

파비오는 공을 든 친구 옆에 붙어 서서, 바닥을 향해 몸을 굽힌 상대 선수들을 힘껏 밀어냈다. 파비오의 럭비 팀은 지고 있는 경기를 뒤집으려고 안간힘을 쓰고 있었다. 심판이 지금 공을 던지지 않으면 뺏을 수밖에 없다고 소리를 질렀다. 스크럼 대형이 앞으로 나아갔다. 적어도 파비오가 생각하기엔 그랬다. 실제로는 상대 팀의 노란색 유니폼과 파비오네 하늘색 유니폼이 뒤엉켜, 어느 쪽으로 가고 있는지 알기 힘들었다. 파비오는 자기 팀이 제대로 된 방향으로 가길 바랄 뿐이었다. 어느 순간 골라인이 보였다. 그래, 이 방향이야! 상대편 스크럼 대형이 뒤로 밀리더니 마침내 무너졌다. 파비오는 진흙에 파묻힌 공을 잠시 바라봤다. 분명히 골라인을 넘었어! 심판이 득점을 인정했다. 파비오네 선수들이 소리를 질렀다.

흙투성이가 되었지만, 기분은 날아갈 것 같았다. 파비오가 벌떡 일어나 친구들과 기쁨을 나누었다.

"안녕!"

갑자기 알 수 없는 목소리가 들렸다. 파비오는 깜짝 놀랐다. 힘들어서 환청이 들린 걸까? 맞아, 틀림없어. 파비오는 발끝으로 서서 주위를 둘러보고는 친구들에게 뛰어갔다. 파비오의 친구가 골포스트 사이로 공을 차 넣자 팀 선수들이 소리를 질렀다. 오늘 경기의 첫 7점! 상대 팀의 점수는 알고 싶지 않았다. 보나마나 파비오 팀보다 훨씬 높을 테니까. 그래도 파비오는 친구들을 격려하며 껴안았다. 그나저나 아까 그 목소리의 정체는 무엇이었을까.

밀라노로 돌아가는 길은 꽤나 멀었다. 그래도 초록빛 발카모니카 산은 무척 아름다웠다. 산 정상에는 여전히 눈이 두껍게 쌓여 있었고, 군데군데 빙하가 보였다. 금요일에 일라리아 선생님이 뭐라고 했더라? 거대한 대륙들이 서로 충돌하는 바람에 저 산들이 생겼다고 했다.

약 5000만 년 전에 아프리카 대륙이 북쪽의 유럽 대륙을 밀기 시작했고, 이때 알프스 산맥이 생겼다. 그 힘으로 알프스 산맥은 지금도 조금씩 높아지고 있다. 파비오는 대륙이 산을 미는 것처럼 럭비 시합에서 상대 팀을 미는 모습을 상상하다가 곧 씁쓸해졌다. 안타깝게도 경기 결과는 좋지 않았다. 경기 종료를 알리는 심판의 호루라기 소리가 들렸을 때 점수는 33대 7이었다.

버스에서 보는 풍경은 아름다웠다. 산들은 저마다 모습이 달랐다. 두께와 색깔이 각기 다른 지층들로 이루어진 산비탈과 복잡한 구조들이 번갈아 나타났다. 파비오는 일라리아 선생님의 말씀을 떠올렸다. 각 지층과 구조는 수천 년에서 수백만 년까지의 긴 시간을 나타낸다고 했다. 특정한 환경을 보여 준다고도 했다. 그렇다면 저 바위들은 고대 해변이나 바닷속 또는 강바닥에서 만들어진 걸지도 모른다. 박물관에서 만졌던 화석 같은 것도 어딘가에 있을까? 구불거리는 길을 따라 버스가 흔들렸다. 피곤한 파비오는 금방 잠이 들었다.

"안녕! 나는 가이아야."

파비오 또래 여자애가 갑자기 나타나 뒷자리에 앉았다. "경기장에서 말을 걸었던 게 바로 나야. 나는 지권이야. 산을 보면서 날 생각했지?"

"지권이라고? 그게 무슨 뜻이야?" 파비오가 놀라서 물었다.

"나는 지구에서 가장 크고, 단단하고, 무거운 부분이야. 지구 가장 바깥쪽에는 지각이 있고, 그 아래에 맨틀이 있어. 맨틀 아래에는 철이 액체 상태로 이루어진 외핵이 있어. 그 아래에는 철이 고체 상태로 이루어진 내핵이 있지. 너는 잘 못 느끼겠지만 나의 질량은 약 6×10^{24} 킬로그램이나 돼. 숫자 6 뒤에 0이 24개나 붙지! 사실 지구는 굉장히 복잡해. 태양계에서도 가장 복잡하고 흥미로운 행성 중 하나야! 게다가 46억 살이나 먹었어."

파비오는 당황스러워서 아무 말도 하지 못했다.

"금요일에 박물관에서 화석을 만졌지? 그래서 내가 나타난 거야." 가이아가 말했다.

"정말? 굉장해! 네가 산을 높이는 거라며? 진짜 끝내준다!" 좀 진정이 되었는지 파비오가 크게 말했다.

"그런 현상은 판들이 움직이기 때문에 일어나.

대륙이 움직인다!

지구의 지각과 맨틀의 단단한 부분을 합쳐서 **암석권**이라고 해. 암석권은 여러 조각으로 나뉘는데, 조각 하나하나를 **판**이라고 하지. 판들은 맨틀의 부드러운 부분인 **연약권** 위를 떠다녀. 우유에 비스킷을 몇 개 넣어 봐. 비스킷들이 우유 위를 둥둥 떠다닐 거야. 우유를 맨틀의 연약권, 비스킷을 판이라고 생각하면 돼. 지권 안에 녹은 암석들이 가득 들어 있어. 이걸 **마그마**라고 하는데 주로 규산염이라는 광물로 되어 있지. 수만 도에 이를 만큼 뜨거운 마그마는 강물처럼 흘러. 물론 강물보다는 훨씬 진하고 뜨거운데, 태양이 아니라 지구 자체에서 열을 받는 거야. 마그마가 천천히 계속 움직이면 그 위에 얹혀 있는 판들이 이동하지. 이렇게 수십, 수백만 년 동안 이동하다 보면, 판들이 충돌해서 산맥을 만들어. 판과 판이 서로 멀어지면 바다가 들어설 공간이 생기기도 하지. 또 판들끼리 비스듬히 스쳐 지나가기도 해. 이렇게 판들이 마

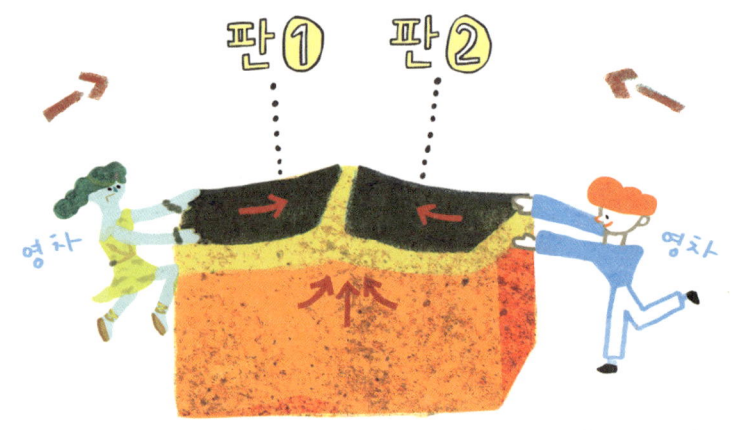

두 대륙판이 충돌하여 알프스 산맥이 만들어졌어.

알프스 산맥은 지금도 높아지고 있어!

찰을 일으키는 구역을 단층대라고 해. 이곳에서 지진이 자주 일어나."

"지금도 판들이 계속 움직이는 거지? 알프스 산맥이 점점 높아진다는 얘길 들었어." 파비오가 물었다.

"응, 맞아. 판은 멈추지 않고 계속 움직여." 가이아가 대답했다.

"세계 곳곳에서 지진이 일어나고 아프리카 대륙이 미는 힘으로 알프스 산맥이 점점 높아지는 것만 봐도 알 수 있어. 음, 아프리카 대륙이 아니라 아프리카 판이라고 해야겠다. 알프스 산맥은 1년에 1밀리미터 이상 높아지고 있어! 굉장히 적다고 생각하겠지만 몇백만 년에 걸쳐 계

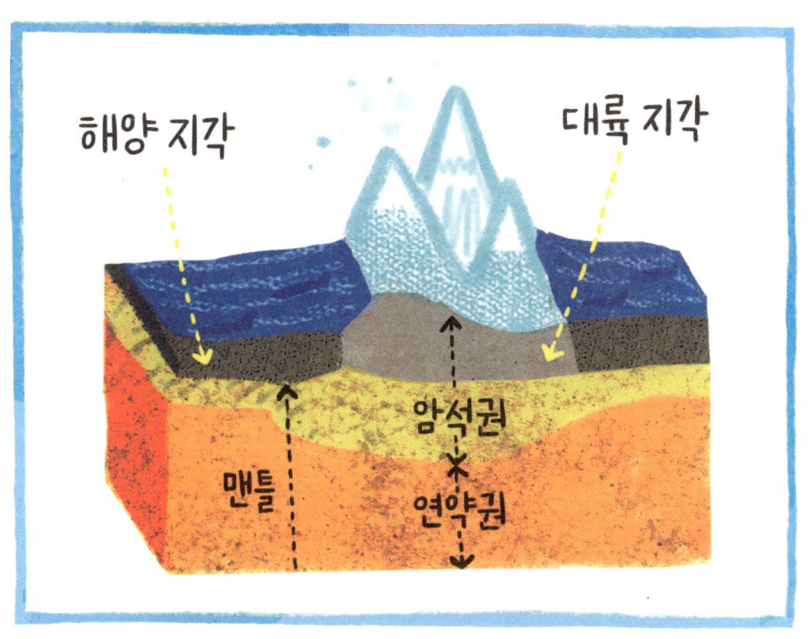

속 자란다고 생각해 봐! 판들은 두 종류의 암석으로 이루어져 있어. 하나는 **대륙 지각**이고 다른 하나는 **해양 지각**이야. 해양 지각은 바다의 바닥 부분인데 대륙 지각보다 무거워. 이런 판들이 오랜 시간 동안 어마어마한 충돌을 계속하면 고대 바다의 바닥도 높은 산 위로 올려 버릴 수 있어."

"놀라운데! 그럼 알프스 산맥 위에 바다의 밑바닥이 있는 거야?" 파비오가 끼어들었다.

"맞아. 알프스 산맥에는 고대 깊은 바닷속에서 만들어진 암석이 있어. 알프스 산맥뿐만 아니라 히말라야 산맥이나 다른 산맥도 그래. 이 산맥들을 죽 이으면 스페인에서 뉴질랜드까지 연결된 무척 긴 선이 나타나. 판들이 남쪽에서 북쪽으로 크게 움직이면서 만들어진 건데, 약 5000만 년 전에 시작됐고 지금도 계속되지. 이 선의 이름은 '신기 조산대'야. 어렵지? 유럽에서 오세아니아까지 이어지는 선을 따라서 산맥들이 생겨난다고 생각하면 돼. 이 산맥들은 공룡들이 살던 시대부터 생겨나서 지금도 계속 자라."

파비오는 엄청나게 긴 시간 동안 대단히 큰 공간에서 일어나는 이 거대한 현상에 대해 곰곰이 생각했다.

"스페인에서부터 뉴질랜드까지! 정말 엄청난데?"

"응, 파비오. 지권, 그러니까 내 안에는 굉장한 힘이 꿈틀대고 있어. 이 힘들은 거대한 덩어리를 움직여. 정말 엄청나고 웅장한, 지구에서 가장 큰 힘이지. 판의 운동이 지구 표면을 끊임없이 바꾸고 있어. 대륙의 모양과 지리와 바다의 분포까지 바꾸지. 너도 **대륙 이동설**은 알지?"

"당연하지! 한 과학자가 남아메리카 동쪽과 아프리카 서쪽의 해안선이 퍼즐처럼 맞춰진다는 사실을 발견하면서 생긴 이론이잖아." 파비오가 대답했다.

"훌륭해!" 가이아가 소리쳤다. "대륙 이동설은 판이 움직인다는 걸 잘 보여줘. 내 안의 힘이 얼마나 거대한지도 알려 주지. 나, 지권은 무척 힘이 세. 화산 활동으로 가스를 분출해서 대기권을 바꾸고, 바다 밑바닥 지형을 바꾸고 수증기를 내보내서 수권이 들어설 환경과 공간을 제공하지. 그건 곧 지구에 생물권이 자리를 잡도록 하는 것이기도 해."

"그런데 가이아, 방금 말한 '권'이 대체 뭐야?" 파비오가 물었다.

"지구를 여섯 가지로 쪼개서 본다는 뜻이야. 공기와 물, 생물 등……. 우리는 모두 한 자매들이야. 우리는 함께 변해. 하나가 변하면 나머지도 모두 영향을 받아. 화산을 예로 들어 볼까? 여러 지질 시대를 거쳐 화산 활동은 대기의 성분을 바꾸고 지구 표면에 액체 상태의 물이 존재하도록 만들었어. 지금도 화산은 활동하고 있어. 2010년에 유럽 사람들이 비행기를 타지 못했던 거 기억하니?" 가이아가 물었다.

대륙 이동설

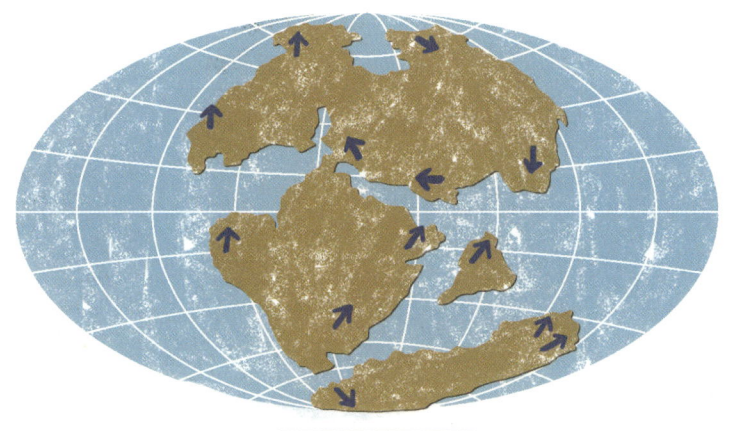

약 2억 년 전
↓

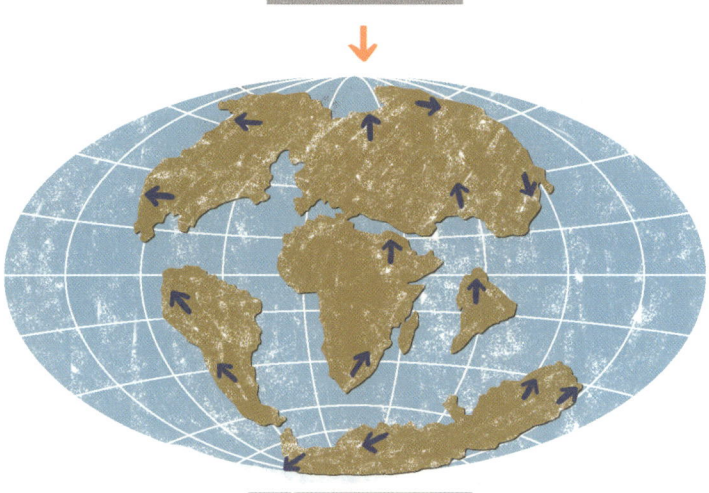

약 6500만 년 전
↓

현재

파비오가 잠시 생각했다.
"응, 기억나. 아이슬란드의 화산 때문이었지!"
"맞아. '에이야퍄들라이외퀴들 산'이 폭발했어. 나는 자매들과 대화를 해. 대기권으로 화산 물질을 방출해서 대기의 구성 성분을 바꿀 수 있어. 짧은 기간 동안에는 지구의 온도도 바꿀 수 있어.

　　　심지어 물의 구성도 바꾸지."
　"지구의 온도를 어떻게 변화시키는데?" 가이아가 말하자 파비오가 끼어들었다.
　"음, 그러니까 화산이 폭발하면 먼지뿐 아니라 기체도 나오거든. 이렇게 대기로 분출된 기체들 중 몇 가지가 태양의 빛과 열을 막지.

1815년에 일어난 **탐보라 화산** 폭발은 지난 1500년 동안 일어난 것 가운데 가장 거대했어. 그때 엄청난 먼지가 뿜어져 나왔는데 몇 년 동안 지구 전체의 기온을 끌어내릴 정도였어. 심지어 북반구에서는 탐보라 화산이 터진 다음 해를 여름이 없는 해로 불렀단다."

　"여름이 없었다고? 정말?" 파비오가 물었다.

　"응." 가이아가 대답했다. "당시 북반구에는 7월에도 눈이 왔다가 갑자기 기온이 치솟기도 했어. 이런 혼란스러운 기후 변화 때문에 아메리카, 유럽 및 아시아에서는 곡식과 감자가 잘 자라지 못했어. 짐을 나르는 동물들도 많이 죽었지. 먹을 것을 두고 전쟁과 폭동도 일어났어. 1816년에 영국인 친구들이 무리를 지어 스위스로 휴가를 떠났는데, 끔찍한 날씨 때문에 집 안에만 머물러야 했어. 그들은 그해 여름에 잘 맞는 공포 소설을 누가 더 잘 쓰는지 내기를 했어. 그때 메리 셸리가 《프랑켄슈타인》을 썼어. 지권은 대기뿐 아니라 문학에도 영향을 준 거야! 또 있다. 말이나 소와 같은 가축들이 죽는 바람에 사람들은 새로운 이동 수단이 필요했지. 그때 자전거가 발명됐어."

　"대단하다!" 파비오가 말했다. "그런데 가이아. 한 가지만 물어볼게. 지권은 지구의 기후와 인간의 많은 활동에 영향을 미친다고 했잖아. 화산이 지구의 온도를 낮출 수 있다고 했고. 그렇다면 화산 몇 개만 있으면 사람들이 걱정하는 지구 온난화를 해결할 수 있지 않을까?"

　"오, 파비오! 너 머리 진짜 좋다!" 가이아가 말을 이었다. "그런데 이 두 현상에는 큰 차이점이 있어. 화산이 내뿜은 먼지와 재는 대기권에 잠시만 머물렀다가 몇 년 안에 모두 땅으로 떨어져. 그래서 화산 활동은 짧은 기간만 지구의 온도를 낮출 수 있어. 반면 지구 온난화를 일으키는 이산화탄소와 메탄가스 같은 기체는 대기권에 적어도 100년은 머무르고, 사람들이 산업 활동을 하고 교통수단을 이용할 때마다 지속적으로 대기로 배출돼. 지금 활동 중인 어떤 화산도 이 정도는 아니야."

버스가 덜컹거리는 바람에 파비오가 잠에서 깨어났다. 방금 전 상황이 믿기지 않았다. 파비오는 창밖을 바라봤다.

버스가 터널 몇 개를 지나 산에서 벗어나자 이세오 호수가 나타났다. 파비오는 자세를 고쳐 앉았다. 그때 뭔가 바닥에 떨어지는 소리가 났다. 그것은 돌이었다. 파비오는 글씨가 새겨진 돌을 주워 들었다.

클라우디아, 바람의 여신
대기(大氣)권을 만나다

클라우디아는 감기에 걸려 침대에 누워 있었다. 일요일인데 집에만 있자니 기분이 썩 좋지 않았다. 서서히 약 기운이 돌기 시작했고 이불 속은 따뜻했다. 침대 옆 작은 탁자에 놓인 책으로 손을 뻗었다가 별로 읽고 싶지 않아 바로 거두었다. 지난 금요일, 박물관에서 있었던 일을 생각하니 웃음이 나왔다. 잠깐이었지만 클라우디아는 선생님 몰래 공룡 화석을 만져 보았다. 박물관 견학은 무척 재미있었다. 어른이 되어 박물관에서 일하고 싶다는 생각이 들었다. 클라우디아는 대학에서 과학을 공부하고 박물관 직원이 된 자기 모습을 상상했다. 학생들에게 지구가 하는 일을 설명해 주고, 여러 학교와 꾸준히 관계를 맺고 화석이 들려주는 지구 이야기도 들으면 좋을 것 같았다.

　이불 속이 더웠다. 클라우디아는 침대 가장자리에 앉았다가 조심스럽게 몸을 일으켜 창문을 열었다. 창문 밖으로 얼굴을 내미니 상쾌한 공기가 콧속으로 들어왔다. 변덕스러운 날씨였다. 낮은 구름이 파란 하늘을 뒤덮는가 싶으면 강한 바람이 구름을 몰아냈다. 방 안으로 바람이 들어오자 창문에 단 커튼이 나풀거렸다.

　창문을 열자 방 안 공기가 달라진 것처럼 지구의 공기도 오랜 시간을

거치며 변했다. 일라리아 선생님은 지금 우리가 마시는 공기는 고대 생물들이 마시던 공기와도 다르고, 그들이 나타나기 전의 공기와도 다르다고 말씀하셨다. 클라우디아는 암석으로 각 지질 시대의 대기 상태를 알 수 있다는 설명을 떠올렸다. 30억 년 전쯤 생명체가 지구에 살기 시작하면서 대기가 놀랍게 변했다는 사실이 가장 인상 깊었다.

그 뒤로 대기에 산소가 축적되자 암석 속 금속들에 녹이 슬기 시작했다. 인간들한테 꼭 필요한 산소는 지구의 첫 생명체들이 버린 쓰레기였다. 지구가 이렇게나 많이 변하다니 이상한 일이다. 하지만 변화는 지금도 일어나고 있다. 생명체 중에서도 특히 인간이 지구를 심하게 변화시키고, 이는 대기에도 영향을 준다.

"네 말이 맞아!"

등 뒤에서 낯선 목소리가 들려왔다. 클라우디아는 깜짝 놀라 뒤로 돌았다. 침대 옆에 처음 보는 여자아이가 서 있었다.

"어? 너는……."

"안녕. 나는 가이아야. 지구의 대기권이지."

"대기권이라고?"

"응. 방금 내 생각했지? 내 몸은 질소 약 78퍼센트, 산소 21퍼센트, 아르곤과 이산화탄소 같은 여러 기체 1퍼센트로 이루어졌어. 액체, 고체, 기체 상태의 물도 들어 있지. 지금까지 나는 많이 변했고 여전히 달라지고 있어. 나는 지권, 수권 등 우리 자매들에게 일어나는 모든 변화를 조정해. 나, 대기권은 유연하고 동작이 빠르거든. 지권처럼 크거나 무겁지 않아." 창문 너머로 가이아가 구름을 가리키며 말했다.

"내가 박물관에서 화석을 만져서 네가 나타난 거야?" 클라우디아가 물었다.
"맞아. 똑똑한데?" 가이아가 클라우디아의 놀란 얼굴을 보며 쉬지 않고 말했다.

"클라우디아, 나는 태양열을 먹고 살아. 내가 지구와 우주를 연결한다고 하는 게 맞겠다. 태양의 빛과 열이 나를 통과해서 지구로 들어와. 그리고 이 에너지가 지구의 생명체를 먹이고, 바닷물을 움직이고, 기상 현상을 일으키지. 대기권의 모든 물질들은 태양열에 자신만의 방법으로 반응해. 지구 표면에서 만들어지거나 튕겨 나오는 열에도 반응하지. 지구는 태양에서 오는 에너지를 흡수하기도 하고, 반대로 우주로 에너지를 방출하기도 해.

대기권을 지구의 은행, 에너지를 돈이라고 생각해 봐. 은행에서 돈을 다루는 것처럼, 대기권은 태양 에너지를 저장하거나 내보내지. 대기권을 이루는 기체를 은행가에 비유할 수 있는데, 어떤 기체는 무척 욕심이 많은 은행가이고, 어떤 기체는 너그러운 은행가야. 온실가스가 대

표적으로 욕심이 많지. 꽤 많은 태양 에너지를 흡수해서 우주로 내보내지 않고 지구의 표면에 머물게 하거든. 온실가스 가운데서도 이산화탄소와 메탄가스, 일부 질소화합물이 아주 힘이 세지."

"알겠다! 온실가스는 온실 효과와 관련이 있는 거지?" 클라우디아가 물었다.

"맞아. 더 강력한 온실 효과지. 이산화탄소나 메탄가스는 지표면으로부터 오는 열을 대기권이 잘 흡수하고 우주로 도망가지 못하게 막아. 인간의 활동으로 대기권에 이산화탄소가 더욱 많아지면, 열을 더 많이 보관하게 될 거야. 그러면 지구의 온도가 높아지지."

"그러니까 대기권인 너를 바꾼 건 이산화탄소 같은 온실가스네? 약 30억 년 전 원시 지구의 박테리아와 녹조식물이 산소를 내뿜어 대기권

을 바꾼 것처럼!" 클라우디아가 소리쳤다.

"이 기체가 암석이나 연료의 형태로 지권이나 생물권에 남아 있는 한 나는 균형을 잘 잡을 수 있어. 그런데 이 기체들이 짧은 시간에 아주 많이 대기로 뿜어져 나오면 기후에 변화가 생겨. 지구 전체의 온도가 올라가고 강수량도 바뀌지.

산업 혁명이 일어난 250여 년 전부터 지금까지 대기의 이산화탄소 양이 엄청나게 늘었어. 공기 분자 100만 개 중 이산화탄소 분자가 하나 있으면 1피피엠ppm이라고 하는데, 그때 280피피엠이었던 이산화탄소 농도가 지금은 400피피엠이나 되었어. 메탄가스는 그보다 더 빠르게 늘어났지. 250년은 나한테 무척 짧은 시간이야.

클라우디아, 네 몸에 불균형이 생겼다고 해 보자. 예를 들어 감기에 걸리면 몸속 면역 시스템이 감기 바이러스와 싸울 거야. 이때 몸이 온도를 높여서 대응하기 때문에 열이 나지. 대기권도 마찬가지야. 지구의 균형이 깨지면 감기에 걸릴 때와 비슷한 증상을 겪어."

"그럼 우리가 온실가스를 많이 만들면……" 클라우디아가 잠시 생각에 잠겼다.

"자, 봐. 화산은 폭발하면서 지권 안에 있던 기체와 고체 입자를 대기로 뿜어내. 인간이 산업 활동을 하려고 석탄과 석유를 태우는데, 이때 배출되는 이산화탄소 같은 온실가스는 몇백 년이나 대기권에 남아 있어. 게다가 숲을 없애면 광합성을 하여 대기권에 산소를 공급하고 이산화탄소를 흡수하는 나무들이 줄어들어. 오랜 시간에 걸쳐 일어난 일이든 짧은 기간에 일어난 일이든 모두 대기권에 영향을 준단다. 대기권은 지구의 모든 '권'들 가운데 가장 예민해서 무엇이든 기억하거든.

화산 폭발 때 나온 물질은 무거워서 대기권에 몇 년 정도만 머무르고 지표면으로 떨어져. 반면 이산화탄소 같은 온실가스는 이미 존재하는 다른 기체와 잘 결합해서 대기권에 몇백 년이나 머물러. 그래서 지구의 역사에서 대기권에 많은 변화가 일어났고, 그에 따라서 기후도 심하게 변했단다.

오늘날 기후 변화는 대기권의 구성 물질들이 변했기 때문이야. 최근 250년간 인간의 활발한 활동으로 대기권 안에 이산화탄소가 늘어났어. 지구 온난화가 발생했지. 이로 인한 변화는 지구상의 모든 대륙과 바다 위에 나타나고 있어."

"근데 기후는 늘 변하는 거 아니야?" 클라우디아가 자신 있게 말했다. "똑똑히 기억나. 자연사 박물관의 일라리아 선생님이 이탈리아가 중생대 때는 열대 군도였다고 했어! 또 중세 온난기에는 오랫동안 더위가 이어졌는데, 그때 발견한 섬을 '녹색의 땅'이란 뜻으로 '그린란드'라고 불렀대. 지금은 섬 전체의 4분의 3 이상이 얼음으로 뒤덮여 있는데 말이야."

"클라우디아, 그건 맞아. 그런데 중생대 때 지구는 지금과 완전히 달랐어. 대륙도, 바다도, 화산도 지금의 모습과 달랐지. 심지어 태양 에너지가 대기권에 들어오고 나가는 방식과 지구 궤도도 달랐어. 그때의 천문학, 지질학, 지리학적 상황을 지금과 정확히 비교하기는 어렵지만 말이야.

분명한 건 땅, 물, 얼음, 생물, 인간의 모습을 하고 있는 우리 자매들이 지구의 기후와 전부 연결된다는 거야. 서로 어떻게 영향을 주고받는지 명확히 알려면, 앞으로 밝혀내야 할 게 많지.

하지만 이것 하나는 분명해. 지구가 열이 나는 현상, 즉 기후 변화는 지구에서 인간이 일으키는 일과 관련이 있다는 거야. 예를 들면, 숲과

들판을 없애 땅을 마구 개발하고, 산업 활동을 멈추지 않기 때문이지. 이건 우주의 작용과는 아무런 상관이 없지.

중세 온난기에 나타난 더위는 태양이 활발하게 활동을 했기 때문이야. 태양이 활발하게 활동하여 지구에 더 많은 에너지를 보냈고, 때마침 화산 활동이 잠잠해져서 그런 일이 생긴 거야."

클라우디아가 다시 창밖을 바라봤다. 지구에서 가장 민감한 대기권은 아름다웠다. 클라우디아는 가이아 쪽으로 다시 고개를 돌렸다. 하지만 가이아는 온데간데없고, 창턱에 작은 부채가 하나 놓여 있었다. 부채 한쪽 면에 무언가 적혀 있었다.

　안나는 뒤로 서서 다이빙을 한 뒤에 물속에서 한 바퀴를 돌았다. 그러고는 물 밖으로 머리를 내밀어 숨을 고르며 물 위를 둥둥 떠다녔다. 안나는 이 시간이 늘 좋았다. 레인이 시작되는 벽을 발로 힘껏 밀었더니 몸이 앞으로 나갔다. 안나는 자유형으로 헤엄치기 시작했다. 팔과 다리를 바쁘게 움직이니 몸이 물결을 타고 가볍게 나아갔다. 바다였다면 수영이 훨씬 쉬웠을 것이다. 바닷물의 소금 덕분에 힘들이지 않고 물위에 둥둥 뜨기 때문이다. 안나는 사람들이 물을 무서워한다는 사실을 여전히 믿기 어려웠다. 지구의 4분의 3이 바다인데 말이다.
　바다는 지구와 관련되어 있으며 계속 변화해 왔다. 박물관의 일라리아 선생님이 판들이 움직이며 대양을 만들거나 사라지게 했다고 말했다. 한때 바다 밑바닥이었던 땅이 수면 위로 올라왔고, 지금 우리가 보

는 산맥의 일부가 되기도 했다. 바다는 수많은 동식물의 삶의 터전이다. 심지어 바다의 가장 깊고 어두운 곳에는 태양 에너지에 의존하지 않는 생명체들도 살고 있다.

안나가 레인 끝에서 가쁜 숨을 몰아쉬며 고개를 들자 처음 보는 여자아이가 말을 걸었다.

"네 말이 맞아! 안나, 그런데 한 가지가 빠졌어. 수권은 지구의 기후에서 무척 중요한 역할을 해!"

안나는 너무 놀라 제대로 말을 하지 못했다. "그걸 어떻게……."

"나는 가이아, 지구의 수권이지. 수권은 지구의 액체 상태의 모든 물, 그러니까 대양, 바다, 호수, 강, 지하수를 합한 거야. 일라리아 선생님이 말씀하신 것 기억나니? 지구가 말을 걸 거라고 하셨잖아. 짜잔! 그래서

내가 온 거야. 나는 지구의 한 부분이야. 사실 내 덕분에 지구는 가장 특별한 행성이 되었지. 태양계 전체에서 액체 상태의 물이 발견된 곳은 아주 드물거든."

안나는 호기심에 이끌려 처음 보는 여자아이가 하는 말을 믿어 버렸다. "굉장한데? 다른 아이들한테도 그 화석을 만지라고 해야겠어!"

"괜찮은 생각이야. 사람들이 지구가 하는 이야기에 좀 더 귀를 기울여야 해. 방금 내가, 그러니까 수권이 기후에서 중요한 역할을 한다고 했잖아?" 가이아가 웃으며 물었다.

안나는 아직도 흥분이 가라앉지 않았다. "그랬지. 그런데 그게 무슨 뜻이야?"

"수권과 대기권은 서로 많은 것을 교환해. 서로 다른 형태의 에너지와 물질, 특히 열과 기체를 나누지. 사람들은 대기권이 기후에 중요한 영향을 끼친다고 알고 있어. 맞는 말이지만 수권과 대기권이 주고받는 상호작용도 마찬가지로 기후에 영향을 줘.

나는 엄청나게 많은 양의 열을 보관해. 열을 보관하는 능력을 **열용량**이라고 하는데 물이 공기보다 열용량이 훨씬 뛰어나거든. 공기보다 오래 열을 보관하고 공기보다 느리게 열을 내보내지. 밤에 바다에서 수영을 해 보면 알 수 있어. 낮 동안 축적한 열 때문에 바닷물이 따뜻해. 바닷가의 모래는 차가운데 말이야."

안나는 반대로 낮에는 해변의 모래가 바닷물보다 더 뜨겁다는 사실을 기억했다.

"수권은 지구에서 가장 더운 적도 인근 지역의 열에너지를 가장 추운 곳으로 옮겨." 가이아가 계속해서 말했다. "해류는 난류와 한류로 나뉘어 지구를 돌아. 이런 움직임을 **해양 컨베이어 벨트**라고 해. 예를

해양 컨베이어 벨트

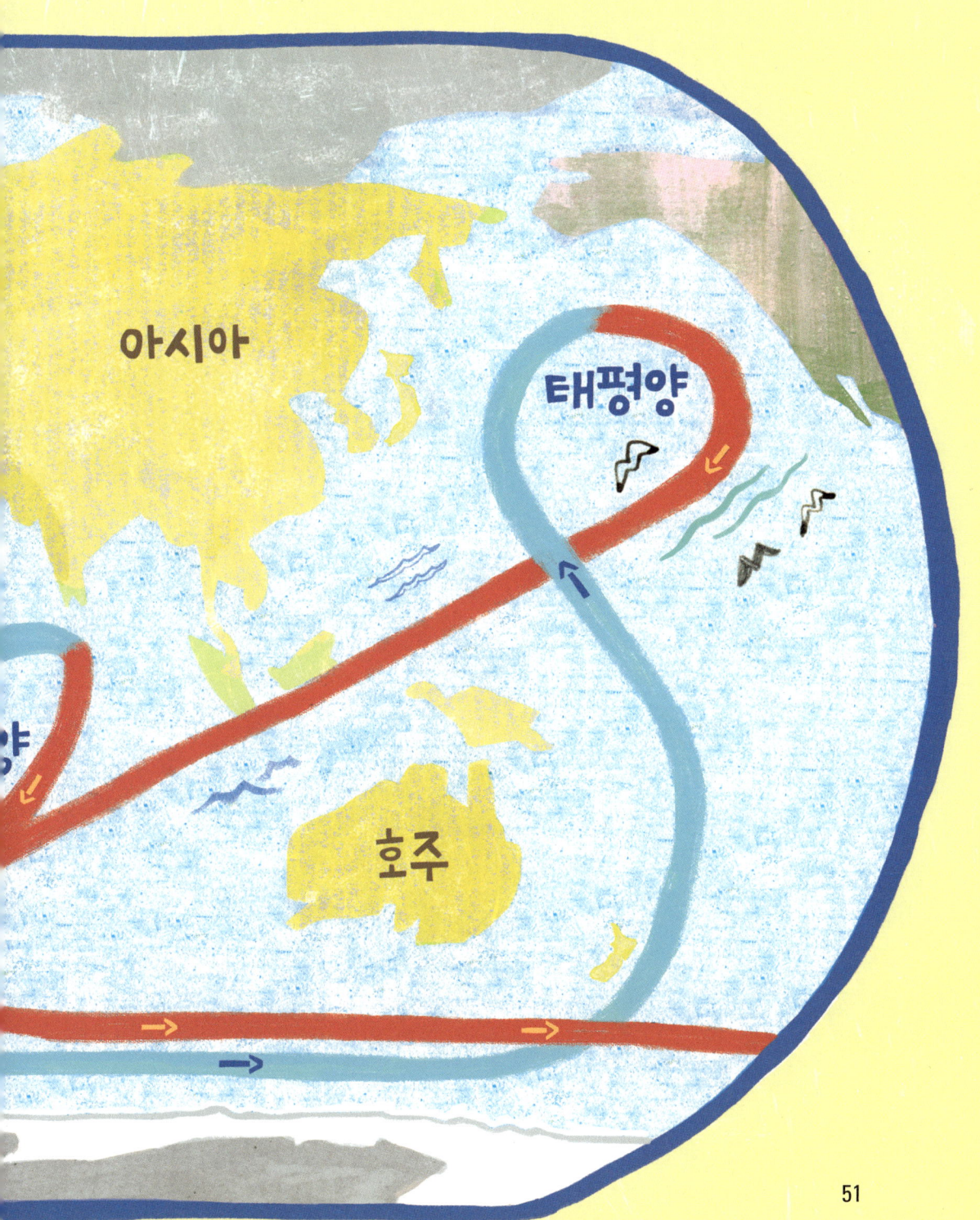

들어 따뜻한 북멕시코 만의 해류는 북아메리카 해안을 따라서 그린란드까지 이동하면서 북유럽의 해안을 따뜻하게 만들어. **훔볼트 해류**(페루 해류)는 물고기가 많이 살고 차가운 남극의 바닷물을 칠레와 페루의 해안가로 올려 보내. 이렇게 해류들이 대기권과 열을 주고받으며 기상 현상에 영향을 줘. 결국 지구 전체 기후에도 영향을 미치지. 허리케인이나 태풍도 주로 바닷물의 열 때문에 발생해."

안나는 헷갈렸다. "그래, 알겠어. 허리케인이나 **멕시코 만류**에 대해 들어본 적 있어. 그런데 따뜻한 해류와 차가운 해류는 왜 생기는 거야? 결국 같은 물이잖아."

가이아가 빙긋이 웃으며 설명했다. "맞아, 바다는 다 연결되어 있어. 하지만 지구의 자전, 온도, 염분, 이 세 가지에 영향을 받아. 지구가 돌 때 지구 표면의 공기와 물도 함께 돌아. 지구의 자전이 수권을 움직이는 거지. 또 바다의 표면은 위도에 따라 열을 더 많이 받거나 적게 받아. 카리브해와 지중해가 남극해와 북해보다 더 따뜻한 이유는 적도에 더 가깝기 때문이지. 마지막으로 바닷가나 바다 밑 암석의 종류, 해안가에 사는 생물이나 강이 있고 없고에 따라서 바닷속 염분의 농도가 달라져. 염도가 높은 바닷물이 더 무겁기 때문에 염도가 낮아서 더 가벼운 바닷물 아래로 흘러. 그래서 지브롤터 해협에서 대서양의 차갑고 염도가 낮은 바닷물이 지중해 표면으로 밀려들고, 따뜻하고 염도가 높은 지중해의 바닷물은 대서양 깊은 곳으로 흘러가지. 이렇게 해류의 움직임, 염도, 온도가 균형을 이루는 과정이 지구의 넓은 지역의 기후를 결정해."

수권이 이토록 복잡하다니. 안나는 텔레비전에서 자주 들었던 이야기를 확인하고 싶어졌다. "그렇다면 가이아, 빙하가 녹아도 해류에 영향을 주니? 만약 차가운 물이 바다로 들어간다면…….”

"오, 대단한데! 네 말이 맞아! 얼음이나 빙상 같이 지구의 물이 고체 상태로 된 것을 빙권이라고 해. 빙권이 녹으면 수권에 중요한 영향을 미칠 거야. 바닷물의 염도와 밀도에 영향을 미쳐서 결국 해류에도 영향을 주지. 빙하가 녹은 물은 염분이 없고 차가워. 이 물이 바다로 들어가서 멕시코 만류처럼 따뜻하고 염도가 높은 해류에 섞이면, 해류가 약해지고 방향이 바뀔 수도 있어. 몇 년 전부터 **북서 항로**, 즉 캐나다 군도를 지나서 유럽에서 동아시아에 이르는 복도같이 긴 바닷길이 겨울에도 열리고 있어. 옛날에 이 바닷길은 겨울이면 얼음으로 뒤덮여 지나갈 수 없었는데 말이야."

빙하가 녹으면 해류에 영향을 줘!

안나는 바다, 그러니까 수권이 자기 예상보다 기후에 큰 영향을 준다고 느꼈다. 안나가 잠시 골똘히 생각하더니 숨을 내쉬고 다시 물었다.

"흠, 가이아, 여기 수영장 물에는 염소라는 기체가 들어 있어서 물을 소독해 주거든. 바닷속에도 기체가 있어?"

"물론이지!" 가이아가 대답했다. "수권 안에는 기체가 무척 많이 녹아 있어. 수권은 그 기체들을 대기권, 지권, 바닷속 생물권과 끊임없이 주고받아. 인간들이 만든 엄청난 양의 온실가스, 특히 이산화탄소가 수권 안으로 녹아들지. 그런데 갈수록 온실가스가 많아지면서 바닷물의 성질이 변해 버렸어. 산성도가 점점 높아진 거야. 게다가 지구 전체의 온도가 올라가는 바람에, 수권은 더 산성화되고 따뜻해졌어."

"네가 대기권에 있는 온실가스를 없애는 데 큰 도움을 주고 있었구나!" 안나가 놀라서 말했다.

"맞아. 그런데 말이야. 지금 우리가 차를 마신다고 상상해 보자. 달콤하게 마시려면 설탕을 넣어야 하는데, 한 숟가락씩 자꾸 넣다 보면 어느 순간 더 이상 설탕이 녹지 않고 찻잔 바닥으로 가라앉아. 이런 상태를 물이 설탕으로 포화해서 더 이상 설탕을 녹일 수 없다고 얘기해. 바다는 수심이 평균 4킬로미터 정도로 무척 깊어서 이산화탄소가 포화 상태가 될까 봐 걱정할 필요는 없어. 바다는 적어도 몇십 년 동안 계속해서 이산화탄소를 받아들일 거야. 그런데 설탕을 넣을수록 차가 점점 달콤해지는 것처럼 이산화탄소가 늘어날수록 바닷물도 점점 더 산성화돼. 다시 말해서 물의 산성도를 나타내는 수치인 피에이치pH가 올라가. 그렇게 되면 바닷속 플랑크톤이나 산호 같은 생명체들이 껍질을 만

들기 어려워지고, 심지어는 살아남기 힘들어질 거야.

"플랑크톤이라면, 바다 표면을 떠다니는 작은 생물들을 말하는 거지?" 안나가 물었다.

"맞아. 플랑크톤은 해양 생태계에서 아주 중요한 역할을 해. 플랑크톤에는 동물 플랑크톤과 식물 플랑크톤이 있는데, 식물 플랑크톤은 대륙에 사는 식물들과 똑같이 이산화탄소를 흡수하고 산소를 배출해. 만약 식물 플랑크톤이 살아남아 번식하지 못하면 수권에서 흡수할 수 있는 이산화탄소 양이 줄어들 거야."

안나는 충격을 받았다. "가이아, 머리가 너무 복잡해. 수권은 무척 많은 일들을 동시에 하잖아. 해류로 열을 운반하고, 온실가스를 흡수해서 생명체들이 살 수 있는 환경을 만들고 말이야."

"맞아." 가이아가 대답했다. "수권은 대기권, 생물권, 빙권 같은 지구의 다른 구성원과 많은 영향을 주고받으며 지금의 지구를 만들었어. 지구에서 물의 순환은 인간의 혈액 순환과 같아. 무척 중요하고 예민하지. 안나, 난 이제 가 봐야 해. 스케이트장에 갈 거야."

"마틸데를 만나러 가니?"

"응." 가이아가 대답했다. "마틸데한텐 빙권의 모습으로 나타날 거야. 참! 수영장에서 나오면 가방을 열어 봐. 작은 선물을 준비했어."

05
마틸데, 얼음의 여신
빙(氷)권을 만나다

마틸데는 난간을 잡고 얼음판 위로 나아갈 준비를 하고 있었다. 일요일 오후인데도 스케이트장엔 사람이 많지 않았다. 얼음은 예측하기 어렵고 미덥지 않은 친구다. 마틸데가 스케이트를 미는 힘과 스케이트 날에 실린 마틸데의 무게에 얼음이 녹았고, 가만히 두면 스케이트장의 낮은 온도에 다시 얼었다. 얼음판의 표면은 약하지만 안쪽은 강하고 단단했다. 일라리아 선생님은 몇백만 년 전, 빙하기 때 만들어진 오래된 얼음에 대해 이야기했다. 그 얼음 안에 들어 있는 공기 방울로 당시 대기의 성분을 알 수 있고, 그걸 알면 과거 대기권의 온도도 추측할 수 있다. 선생님은 오래된 얼음 속 공기 방울이 일종의 타임머신이라고 했다. 그런데 정확히 뭐라고 하셨더라?

"온도에 따라 대기의 성분이 달라져. 어떤 기체는 온도가 높으면 더 늘어나고, 온도가 낮으면 줄어들어. 산소 원자가 대표적이야. 그래서 얼음 안에 있는 공기 방울로 과거 지구의 온도를 예상할 수 있지." 한 여자아이가 관람석에서 웃으며 말했다.

마틸데가 대꾸하려 했지만 여자아이가 다시 끼어들었다. "안녕! 나는 가이아야. 지구의 빙권이지. 잠깐 기다려 줄래? 내가 그리로 갈게. 빙

권은 고체 상태인 모든 물을 말해."

"고체 상태의 물이라면 얼음 말이니?" 마틸데가 물었다.

"맞아." 가이아가 대답했다. "나는 남극과 그린란드의 빙상, 북극과 남극 바다의 해빙과 빙산, 산악 지방에 자리한 크고 작은 빙하와 영구 동토 등을 합한 거야. 영구 동토는 지구에서 가장 추운 지방에 있는 땅인데 일 년 내내 얼어 있어."

관람석에 있던 가이아가 얼음판으로 올라왔다. 그제야 마틸데는 지구가 말을 걸어올 거라던 일라리아 선생님의 말이 기억났다.

"가이아, 반가워! 나는 스케이트 타는 걸 진짜 좋아하는데 빙하 이야기를 들을 때마다 조금 걱정이 돼. 얼음이 점점 줄어드는 것 같거든. 적어도 마지막 빙하 시대와 비교하면 그렇지 않니?"

"슬프지만 맞는 말이야." 가이아가 대답했다. "너도 알다시피 나는 연약해서 0도보다 낮은 온도에서만 녹지 않고 얼음 상태로 있어. 수천 년 동안 나는 수권과 춤을 추고 있어. 온도가 낮은 빙하기 때 내가 차지하는 면적을 넓히면 바다가 뒤로 물러났고, 온도가 높아지는 간빙기 때는 내가 물러나면서 바다의 해수면이 높아졌지. 이상한 소리처럼 들리지만 나는 딱딱한 지권과도 춤을 춰."

마틸데는 궁금해졌다. "그러니까 빙권이 물러나서 지구의 딱딱한 땅이 위로 올라오기라도 한다는 거야?"

"바로 그거야!" 가이아가 대답했다. "약 2만 년 전, 마지막 빙하기에 무척 두껍고 넓은 빙상이 만들어졌어. 빙상이 너무 무거워 그 밑에 있는 지권이 아래로 움푹 휘었지. 지권은 지구 내부에서 움직이는 맨틀층 위를 떠다니거든. 지구의 온도가 상승해서 얼음이 녹아도 지권은 휘어진 상태로 있다가 몇천 년에 걸쳐 조금씩 원래대로 돌아와. 아침에 일어나서 베고 잤던 베개를 보면 머리 자국이 한동안 남아 있다가 서서히 원래 모양으로 돌아오지? 이런 현상이 2만 년 전까지 얼음으로 덮여 있던 북유럽과 북아메리카에서 일어나고 있어. 원래 상태로 균형을 잡으려고 지권이 제자리로 돌아오려는 거야."

"땅이 솟아오른다는 거야?"

"응. 그래서 스웨덴의 스톡홀름 같은 도시에선 건물의 기초 공사를 다시 하는 경우가 많아. 빙권 때문이지. 이 현상을 어려운 말로 **후빙기 반동**이라고 해."

"그렇구나!" 마틸데가 소리쳤다. "그런데 왜 두껍고 넓은 빙상이 녹은 거야? 혹시 지금 그린란드에서 일어나는 일과 관련이 있어?"

"그건 아니야. 지구가 태양 주위를 돌면서 태양의 빛과 열을 받는데, 지구의 궤도는 약 10만 년 주기로 변해. 바뀐 궤도에 따라 지구는 태양과 더 가까워지기도 하고, 더 멀어지기도 해. 지구가 태양에서 더 멀어지는 시기가 추운 **빙하기**야. 반대로 지구가 태양에 가까워지면 지구의 얼음이 녹기 시작하지. 유럽과 북아메리카의 오래된 빙상도 이때 녹았어. 그런데 지구의 궤도에 따른 온도 변화는 무척 느려서 수만 년에서 수십만 년에 걸쳐서 일어나. 그러니까 지금 빙권이 지구의 궤도 주

후빙기 반동

기 때문에 녹는다고 말하기는 어렵지.

사람들은 빙권을 녹이는 진짜 범인이 지구 온난화라고 얘기해. 지구 궤도의 변화 때문이라고 하기에는 빙하가 무척 빠르게 녹고 있거든. 더군다나 지금은 태양 활동이 약한 시기라서 지구가 차가워져야 하는데도 오히려 뜨거워지고 있어."

마틸데는 무척 놀랐다. "그렇구나! 우리가 겪고 있는 지구 온난화는 과거에 일어났던 현상과는 다르구나. 태양도, 지구의 궤도 변화 때문도 아니야!"

"그래, 변하는 속도도 무척 빨라서 지구의 구성원들, 무엇보다 내가 빠르게 대응하지 못해.

지구는 음악을 연주하는 밴드와 같아. 밴드는 기타, 드럼, 키보드 같은 각종 악기들과 가수로 이루어져 있어. 이 구성원들은 조화롭게 각자의 소리를 내. 누구 하나가 잘못하면 다른 연주자가 그것을 메꾸려고 애를 쓰기도 해. 밴드의 균형과 조화를 유지하려고 말이야. 이렇게 음악 밴드는 구성원들이 자발적으로 부족한 부분을 메꾸지만, 지구는 이런 현상이 저절로 일어나. 빙권의 얼음이 녹으면 수권, 대기권, 생물권, 인간에게 영향이 흘러가지."

마틸데가 이제 막 사람들로 북적거리는 스케이트장을 보며 말했다.

"빙권이 수권에게 영향을 주는 건 이해가 돼. 얼음이 녹으면 그 물이 강과 바다로 갈 테니까. 그런데 대기에는 어떤 영향을 주는 거야? 사람에게는 또 어떻게 영향을 주는데?"

"잠깐만, 마틸데. 빙권의 변화가 수권에 곧바로 영향을 주는 게 아냐. 또 지구의 모든 지역에서 똑같은 일이 일어나는 것도 아니지." 가이아가 이어서 말했다. "오목한 그릇 안에 얼음을 넣고 녹이면 물의 높이가 바로 올라가. 땅의 얼음이 녹은 물이 바다로 가기도 해. 하지만 보통은 지권과 중력의 영향으로 지구 전체로 퍼져 간단다. 지구가 완전한 구 모양이 아닌 건 알지?"

"당연하지. 양극이 눌려 있고 적도 부분은 부푼 모양이잖아!" 마틸데가 자신 있게 말했다.

"맞아!" 가이아가 빙긋이 웃었다. "지구의 이런 모양 때문에 물이 우리가 생각지 못한 방향으로 다시 분배돼. 결국에는 바다의 해수면이 올라가겠지만, 지권도 물이 재분배되도록 거든단다.

최근 땅의 얼음이 대부분 녹아서 줄어들고 있어. 무엇보다 수많은 사람들이 마시는 물을 공급하는 산 위의 빙하가 녹고 있어. 꼭 기억할 건 히말라야 산맥의 만년설과 빙하가 겐지스 강과 인더스 강으로 이어지는데, 수많은 사람들이 그 강물을 이용한다는 거야. 게다가 지구의 온도가 높아져서 영구 동토가 녹고 있어. 그러면 땅이 불안정해지고 홍수도 잘 일어나지."

"알겠다. 빙권이 사람들에게 영향을 준다는 말이 그런 뜻이구나. 그런데 가장 큰 빙상이 있는 남극과 그린란드엔 사람이 거의 안 살잖아?"

"그렇긴 해도 문제는 더 심각해. 몇천 년 전부터 대륙을 덮었던 오래

된 빙상이 녹아 바다로 흘러들고 있어. 그러면 해수면이 올라가고 바닷물의 구성과 온도는 물론 바닷물의 흐름도 바뀌지. 가을, 겨울 동안 얼음으로 뒤덮였던 캐나다 북쪽의 바다 같은 곳에서도 얼음이 녹고 있어. 이런 현상이 해류, 북극곰 같은 극지방 동물들, 대기권에 엄청난 영향을 준단다!"

"대기권에도?" 마틸데가 화들짝 놀라서 물었다.

"물론이야! 여름에 밝은색 옷을 입으면 열이 덜 흡수되어 시원하고, 어두운색 옷을 입으면 열이 더 많이 흡수되어 덥잖아. 지구도 마찬가지야. 얼음으로 뒤덮인 지역이 넓으면 밝아서 태양 빛이 지구 밖으로 잘 반사돼. 지구의 대기권과 온실가스가 태양 에너지를 덜 붙잡고 있는 거지. 반대로 얼음으로 뒤덮인 지역이 줄어들면, 지구는 더 많은 태양 에너지를 흡수해.

이렇게 태양 에너지가 쌓여 지표면에 더 오래 머물면 지구가 점차 뜨거워져. 이 현상을 지구의 알베도가 변한다고 해. 알베도는 반사율

지구의 알베도(반사율)

눈과 얼음이 없는 지표면은 태양 빛을 더 많이 흡수해.

눈과 얼음이 덮인 지표면은 태양 빛을 더 많이 반사해.

이라고도 하는데 라틴어로 '순백'을 뜻하지. 이게 다가 아니야. 얼음 안에 산소 말고 또 뭐가 있을지 생각해 볼래?"

마틸데가 잠시 생각했다. "글쎄, 다른 기체들이 있을 것 같은데……."

"맞아! 메탄가스가 북극의 깊은 바닥과 영구 동토에 묻혀 있어. 이곳 얼음이 녹으면 메탄가스가 대기에 퍼질 거야. 메탄가스는 이산화탄소 같은 온실가스지."

"와, 말도 안 돼! 모든 게 다 연결되잖아. 네 말처럼 지구의 한 부분이 변하면 다른 부분들이 영향을 받는구나!"

"맞아. 이 말을 꼭 하고 싶었어. 지구는 굉장히 섬세하고 복잡해. 지구에는 각 권들이 균형을 이루고 있고, 이중 하나가 변하면 다른 부분에서 반응이 일어나지."

마틸데가 얼음판을 내려다봤다. 방금 일어난 일이 여전히 믿기지 않았다. 분명히 스케이트를 신고 스케이트장에 서 있었는데, 어느새 빙상이 녹아 위로 솟아오르는 극지방의 도시들을 여행하고 돌아온 기분이 들었다.

마틸데는 가이아 쪽을 다시 바라봤다. 그곳엔 아무도 없었다. 그때 무엇인가 스케이트를 툭 치며 얼음판에 떨어졌다. 놀란 근육을 풀어 주는 데 쓰는 얼음주머니였다.

월터는 밋밋한 들판을 바라보았다. 나무들이 드문드문 서 있고, 저 멀리 우거진 숲이 보였다. 숲의 한쪽은 잘 가꿔졌고, 다른 쪽은 들어가기 어려울 정도로 울창했다. 월터는 작은 농장이 딸려 있는 할아버지 할머니 집에서 일요일을 보내는 게 좋았다. 특히 할머니가 차려 준 맛있고 어마어마한 점심을 먹고, 들판으로 나가 동물들을 본 뒤, 밭에 물을 대는 수로까지 걷는 일이 즐거웠다.

드넓은 밭에서 자라는 작물들이 저마다 제 색깔을 뽐냈다. 노란색부터 초록색까지, 갖가지 색깔을 띤 채소들 사이로 보이는 밤색 땅은 생동감이 넘쳤다. 박물관에서 일라리아 선생님이 말한 대로, 땅에는 영양분과 작은 동물들이 가득하고 여러 식물이 뿌리를 내리며 생명을 이어가고 있다.

20억 년 전, 오랜 시간 바다에 갇혀 있던 생명체들이 지상으로 올라왔다. 이때 가장 먼저 땅을 차지한 존재가 식물이었고, 동물은 한참 뒤에 올라왔다. 월터는 생명체가 없는 지구의 모습이 얼마나 쓸쓸했을지 상상했다. 아마 지금의 달처럼 텅 비어 보였을 것이다.

"맞아, 월터."

월터는 근처 농장에 사는 아이들을 알고 있었지만 방금 말을 건 여자 아이는 난생 처음 보는 아이였다. 월터는 여자 아이가 자기 곁으로 온 것도 알아채지 못했다.

"나는 가이아, **생물권**이라고 해. 지구의 식물과 동물을 합한 거지. 네가 박물관에서 화석을 만졌지? 그래서 내가 보이는 거야."

월터는 너무 놀라서 할 말을 잃었다.

"방금 나에 대해 생각하고 있었잖아? 나, 생물권이 나타나기 전에는 지구가 쓸쓸했을 거라고, 다른 행성들처럼 텅 비어 있을 거라고 생각했지? 맞아. 지구가 특별한 건 바로 나 때문이야. 적어도 지금까지는 그래. 아직까지도 우주 어디에서도 생물권을 찾지 못했거든!"

"굉장해!" 여전히 놀란 채로 월터가 말했다. "일라리아 선생님이 왜 화석을 만지지 말라고 하셨는지 알겠어. 이런 일이 일어나다니! 그런데 가이아, 생물권은 지구만의 특징이 아닐 수도 있어. 사람들이 태양계의 화성과 타이탄에서 생명체를 찾고 있다고 들었어."

이번에는 가이아가 놀랐다. "우아, 월터! 너 진짜 모르는 게 없구나. 그런데 사실 화성에서 찾는 것은 이미 멸종한 생물의 화석이나 박테리아 같은 단세포 생물이야. 지구의 생명체는 훨씬 더 섬세하지. 물론, 내 자랑은 아니야.

타이탄에 대한 얘기는 맞아. **타이탄**은 토성의 가장 큰 위성으로 표면에 액체 탄화수소가 있고, 두꺼운 대기층은 메탄과 에탄, 질소로 가득해. 아직 확신할 수 없지만 생명체가 있을지도 몰라. 목성의 위성 유로파와 토성의 위성 엔켈라두스 같은 곳에도 액체 상태의 지하 바다가 있을지 몰라. 그러면 그 속에 생물권이 있을 수도 있겠지. 아직까지 확실히 밝혀진 건 없어.

"월터, 내가 하나 물어볼게. 지구에 생명체가 산다는 걸 어떻게 알 수 있을까? 네가 만약 외계인이라면 아주 먼 곳에서 지구라는 행성을 바라볼 때, 무얼 보고 생명체가 있다고 확신할래?"

월터가 잠시 생각하다가 대답했다. "그거야 쉽지! 밤에 지구인들이 켜 놓은 불빛을 보면 되잖아!"

가이아가 잠깐 당황했다. 월터의 말이 영 틀린 건 아니었기 때문이다. "음, 맞아. 하지만 전기는 불과 200여 년 전에 사람들이 발명한 거야. 빛이 진공 속에서 1년 동안 1광년을 가니까, 지구에서 200광년보다 더 멀리 떨어져 있는 행성에서는 지구의 불빛을 볼 수 없어. 질문을 바꿔 볼게. 전기가 발명되기 훨씬 전이라면? 아니면 지구에서 아주 멀리, 200광년보다 더 먼 행성에서 지구에 생명체가 있다는 걸 어떻게 알 수 있을까?"

월터는 갑자기 자신이 없어졌다. "식물은 보이지 않을까? 그러니까 숲이 있다면……."

"거의 맞았어!" 가이아가 말했다. "하지만 먼 곳에서 숲을 알아보기

는 어려워. 그렇다면 지구의 생명체, 특히 식물이 만들어 내는 가장 중요한 결과물이 무엇일까? 바로 산소야. 공기 중에 산소가 많이 포함되어 있으면 생명체가 사는 거지."

"맞다. 지구에 산소가 아주 많아. 식물이 호흡하며 만들어 내니까. 그런데 다른 행성에는 산소가 없니?" 월터가 물었다.

"있긴 하지만 지구만큼 많진 않아." 가이아가 대답했다. "산소는 반응을 잘하는 기체야. 계속 다른 원소와 결합하지. 그래서 금속을 공기 중에 두면 산소와 반응해서 녹이 슬어. 생물들이 광합성과 호흡으로 계속 산소를 만들지 않는다면, 대기 중의 산소는 빠르게 줄어들 거야."

"생물권은 대기권에도 영향을 주는구나. 그럼 기체 중에서 산소만 영향을 받는 거야?" 월터가 끼어들었다.

"아니. 또 있어. 아질산염과 질산염 같은 질소화합물, 메탄가스, 이산화탄소도 마찬가지야. 이 기체들은 농사나 목축 같은 인간 활동으로 만들어지는데, 그 과정에서 식물과 동물이 이런 기체들을 교환해. 예를 들어 소 떼가 내뿜는 이산화탄소를 논밭에서 자라는 식물이 흡수하지. 이

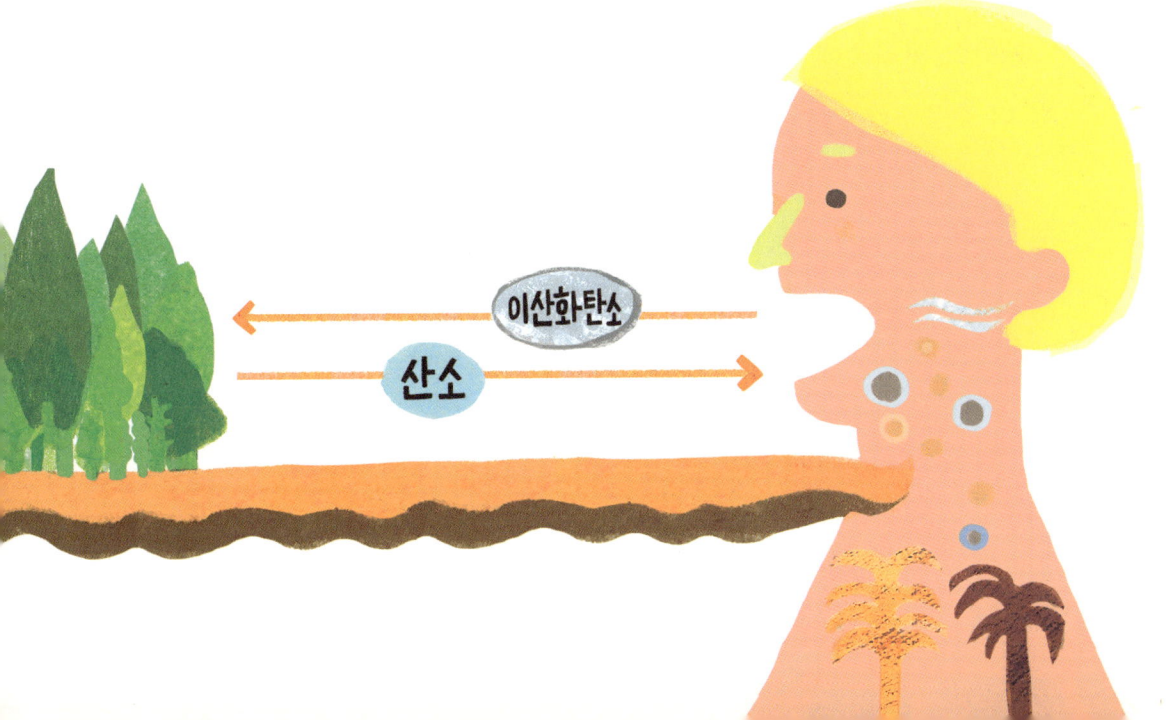

렇게 땅과 숲은 인간 활동으로 만들어진 이산화탄소를 줄여주고, 흡수한 이산화탄소를 몸속에 쌓아 두지."

"생물권과 대기권이 서로 영향을 주고받는구나. 그렇다면 대기가 변하면 생물도 변하겠네?" 이야기를 듣고 월터가 물었다.

"응. 변화는 두 가지로 나타나. 수십, 수백만 년 동안 대기를 구성하는 요소들이 바뀌면서 한 생물 종 전체, 심지어는 한 생태계 전체를 멸종시키기도 했어. 예를 들어 아주 먼 옛날 대기에 산소가 쌓이기 시작했는데, 어떤 박테리아들한테는 산소가 치명적인 독이었어. 그들은 결국 멸종했지. 이런 변화는 지금 우리가 얘기하는 동안에도 일어나고 있어. 지구 온난화 때문에 대기권과 수권이 뜨거워지면 생물들에게 어떤 일이 벌어질 것 같니?"

"글쎄, 추운 기후에서 사는 동물들은 멸종하겠지. 살아남은 종들은 진화할 거고." 월터가 대답했다.

"그래." 가이아가 말했다. "어떤 종은 죽고, 어떤 종은 변화해서 살아남을 거야. 물속에 사는 어떤 생물들과 곤충들한테는 이미 그런 일이 벌어지고 있어. 하지만 대부분의 동물들은 살기 좋은 환경을 찾아 이동할 거야."

월터의 머릿속에 북극이 떠올랐다. "그럼 북극곰은 어떡해? 북극보다 더 추운 지역은 없잖아?"

"응. 북극곰이 살기 좋은 지역이 점점 줄고 있어. 반면 따뜻한 곳에 살았던 동식물들은 지구의 온도가 상승한 덕분에 예전에는 추워서 살지 못했던 지역까지 갈 수 있게 되었어. 물고기, 곤충, 연체동물, 심지어 새와 포유류도 서식지를 옮기고 있어. 이런 생물들이 늘어나면 새로운 종이 나타나거나 원래 살던 생물들이 멸종할 수도 있겠지."

월터는 학교에서 배웠던 다윈의 이론이 생각났다. "이게 환경에 가장 잘 적응하는 종이 살아남는다는 적자생존의 법칙이잖아!"

"응. 그렇다고 할 수 있어." 가이아가 말했다. "환경과 생물은 동시에 진화해. 환경은 기후 변화에 따라 진화하고, 생물은 그 변화를 뒤따르지. 만약 어떤 동식물들이 서식지를 이동하며 번식하고 생존에 유리한 특징을 발전시킨다면 살아남을 거야. 하지만 변한 환경에 적응하지 못한 동식물들은 먹이를 얻거나 번식하기 어려워지고, 어쩌면 멸종할 수도 있겠지. 이뿐만이 아니야."

"뭔지 알 것 같아!" 월터가 끼어들어 외쳤다. "새롭게 나타난 동식물들이 원래 그곳에 살던 동식물과 생존 경쟁을 하겠지."

"맞아!" 가이아가 말했다. "그렇게 되면 생물 다양성이 훼손될 거야. 생물 다양성이란 동식물의 종류가 풍부하다는 뜻이야. 과학자들은 앞으로 식물의 35퍼센트, 동물의 25퍼센트가 지구에서 사라질 거라고 말해. 환경이 변화하고 인간의 활동이 늘어났기 때문이지."

"생물 다양성이 그렇게 중요해?" 월터가 물었다.

"물론이야! 지구에는 다양한 생물들이 살고 있어. 정말 놀라운 일이지. 생물 다양성은 생태계를 무척 복잡하게 만들지만, 생물들이 계속 번식을 하고 생태계가 건강하게 유지되도록 돕지. 우리는 다양한 생물들과 함께 살아가야 해. 하나만 빠져도 균형이 무너져 버려!"

"알겠다!" 월터가 소리쳤다. "곰이나 사자 같은 육식 동물이 사라지면, 그들이 잡아먹는 초식 동물들의 수가 늘어나겠지? 그럼 초식 동물들이 먹는 식물들이 줄어들고……."

"풀이 많았던 지역이 사막처럼 될 거야." 가이아가 이어서 말했다. "다시 풀이 무성해지려면 오랜 시간이 걸리겠지. 중요하지 않아 보였던 생명체를 소홀히 하면 얼마나 많은 걸 잃을 수 있는지 꼭 기억하렴."

"맞다, 가이아. 식물에서 추출한 화합물로 약을 만들잖아. 그런데 식물이 줄어들면……."

"맞아! 의약품만이 아니야. 산호초는 아름다운 구조물처럼 보이지만 원래는 살아 있는 무척추동물이란다. 그 안에는 다양한 수생 동식물들이 살아. 산호초는 태평양 주변에 사는 사람들에게도 꼭 필요해. 태풍이 불면 넓은 해안을 보호해 피해를 줄여 주고, 그들의 삶의 터전인 바다 생태계를 보호하지."

"모든 게 다 연결되잖아! 생물권은 대기권, 수권, 우리 인간까지……. 모두와 연결돼!"

"맞아, 월터. 산을 생각해 봐. 숲이 산 전체를 보호해. 숲이 산을 꽉 붙들어서 제 모양대로 단단히 서 있게 해 주지. 그러면 폭우가 내려도 홍수가 일어나지 않아. 그런데 사람들은 숲을 없애 도시를 늘리고 있어. 나무들이 없어지면 생물권은 대기의 이산화탄소를 흡수하지 못하는데

말이야."

월터는 주위를 둘러봤다. 인간이 일군 땅을 통해 지구의 삶을 들여다보게 될 줄은 상상도 못했다. "지구 전체에서 일어나는 변화가 인간과 밀접하게 연결된다는 게 놀라워. 우리 인간들의 활동이 전 지구에 영향을 미친다는 사실도! 어, 가이아?"

가이아는 어느새 사라지고 없었다. 가이아가 있던 곳에 작은 유리 상자가 놓여 있었다. 그 안에서는 개미들이 열심히 굴을 파고 있었다.

마리오는 친구들을 기다리며 쇼핑몰 2층 난간에 기대어 있었다. 일요일 오후, 늘 그렇듯 쇼핑몰에는 사람들이 북적거렸다. 어디를 둘러봐도 마찬가지였다. 사람들은 상점을 구경하거나 왁자지껄하게 대화를 나누며 주변을 거닐었다. 마리오는 여느 일요일처럼 친구들과 쇼핑몰을 한 바퀴 돌고 패스트푸드점에서 저녁을 먹을 예정이었다.

오늘따라 쇼핑몰은 더욱 붐볐다. 그만큼 더 시끄러웠고 볼거리도 많았다. 새삼스레 마리오는 이런 활기가 좋았다. 지구에는 참 많은 사람들이 있고 저마다 중요한 존재라는 생각이 들었다. 사실 이건 지난 금요일 박물관에서 일라리아 선생님이 했던 말이었다. 쇼핑몰에는 인간 활동의 풍요와 다양성을 증명이라도 하듯, 물건들이 진열되어 있었다. 농장에서 공장까지 갖가지 산업이 만들어 낸 식품, 옷, 신발, 컴퓨터, 전화기 같은 상품들이었다.

일라리아 선생님은 농업과 축산업을 시작한 것이 인류의 전환점이었다고 말했다. 그때부터 인간의 생존 능력과 환경을 통제하고 바꾸는 능력이 중요해졌다. 우선 인간은 식량으로 삼으려고 식물을 개량했다. 또 짐승들을 길들여서 개, 젖소, 돼지, 닭 같은 가축도 만들었다. 이들은 식

량뿐만 아니라 옷을 만들거나 천을 짜는 원료를 제공했다. 인간이 지구의 생명체를 지배하고 바꾸기 시작한 것이다.

몇천 년간 인간은 무척 다양한 사회 집단을 이루었다. 각 집단들이 이룬 문화, 지식, 기술 및 과학적 능력은 저마다 독특하다. 마리오는 인간 사회의 다양함에 완전히 매료되었다. 일라리아 선생님이 또 뭐라고 하셨지? 인간이 만든 문화의 진화가…….

"인간한테는 문화적 진화가 유전적 진화보다 더 중요해. 자신만의 능력과 역사를 지닌 인간은 새로운 것을 만들어 낼 능력이 있지. 인류는 농업, 축산업, 예술, 문학, 과학을 발명했어. 주변 환경을 바꾸는 방법도 터득했지. 그리고 도시를 건설했어. 인류의 지식이 꾸준히 발전해 온 걸 보면 정말 놀라워. 인간의 자연적인 변화, 즉 생물학적 진화보다 더 빠르고 중요하지. 지구상에서 이런 일을 이룬 건 인간밖에 없어."

마리오가 목소리가 들린 쪽으로 고개를 돌렸다. 여자아이였다.

"안녕! 나는 지구의 **인류권**이야. 가이아라고 불러."

마리오는 일라리아 선생님이 인류권이라는 용어를 사용했던 것이 기억났다. 선생님은 인류도 지구를 구성하는 필수적인 단위라서 그렇게 표현하는 거라고 했다.

"그렇다면 네가 우리 인간 전체를 대표한다는 거야?"

"응, 한편으론 그래." 가이아가 대답했다. "주위를 둘러봐, 마리오. 우리 인간이 얼마나 많은지 또 얼마나 중요한 존재인지 알 수 있어."

"맞아, 가이아. 인간은 원하는 걸 다 갖고 있어. 우리가 원하는 무엇이든 만들어 내지! 쇼핑몰에서 물건을 사는 사람은 전 인류의 일부이지만, 넓게 보면 우리 인간은 지구를 '지배'하는 종이야. 그렇지?"

"그래. 지배라는 말이 인간이 지구의 다른 '권'들에 개입할 능력이 있

다는 뜻이라면 그렇다고 할 수 있지. 대기권부터 수권, 지권까지……. 인간의 능력은 어떤 동식물보다도 뛰어나." 가이아가 설명했다. "이 사실은 좋은 것도 아니고 나쁜 것도 아니야. 그냥 그 자체로 받아들여야 하지. 인류권은 한마디로 사회와 기술, 문화를 통해 대기권, 수권, 생물권에 영향을 미쳐. 심지어 지권과 빙권에도!"

"인간 말고 다른 생명체들은 그렇게 안 하니?" 마리오가 물었다.

"응. 하지 않아." 가이아가 대답했다. "모든 생명체들이 지구를 위해 중요한 역할을 하지만, 그 어떤 종의 능력도 인간의 능력을 따라오진 못해."

"알겠어." 마리오가 대답했다. "네가 말하려는 게 뭔지 잘 알겠어. 하지만 우리 인간들은 그런 큰 능력으로 코끼리나 쥐, 잡초나 박테리아보다 더 환경을 바꾸고 오염시켰지. 그런데 말이야. 지구는 무척 크고 복잡하잖아? 그러니까……. 결국에는 우리가 하고 싶은 대로 해도, 지구가 알아서 변화에 적응하는 방법을 찾지 않을까?"

가이아는 고개를 저었다. "안타깝지만 그렇지 않아. 정확히 말하면 더는 안 돼. 네 말이 틀린 건 아니야. 공장이 급격하게 늘어나기 전, 그러니까 산업 혁명 이전까지 인간은 지구에 큰 영향을 끼치진 않았어. 인간이 지구의 자원을 사용해도 큰 문제가 되지 않았지. 하지만 이젠 달라. 과학 기술의 발전으로 인류는 엄청난 능력을 가졌지. 인간은 그 능력으로 지구에 결정적인 영향을 미쳐. 아까 말했듯이 이 사실 자체는 나쁜 것도, 좋은 것도 아니야. 하지만 분명하게 알고는 있어야 해.

홍적세, 현세 같은 지질 시대의 이름을 들어본 적 있지? 몇몇 지질학자들은 현재를 '인류세'라고 하는 게 좋다고 말해. 인간의 근본적인 역할을 강조하려는 거지. 이제 우리가 얼마나 결정적인 역할을 하는 존재인지 알겠어?"

마리오가 잠시 생각하더니 말했다. "음……. 전기 생산, 운송과 산업 활동을 하려고 연료를 쓸 때 대기로 배출되는 가스가 많잖아. 그것들이 기후를 변화시키고, 기후 변화가 문제라는 것도 알겠어. 그런데 그거 말고는 잘……."

"인구만 놓고 생각해 봐." 가이아가 끼어들었다. "이 많은 사람들에게 무엇이 필요할까? 인간한테는 공기 다음으로 물이 중요해. 마시는 물뿐만 아니라 논밭에 줄 물이 필요하거든. 그래서 지하수, 강과 설원, 빙하들에서 얻은 물을 댐에 모으고 운하를 만들기도 해. 생각해 봐. 밀라노나 파다나 평야는……."

"알겠다. 일정한 지역에 사람이 몇 명 살고 있는지, 인구 밀도로 얘기하려는 거지?" 마리오가 물었다.

"맞아." 가이아가 수긍했다. "인구 밀도가 한 지역에 미치는 일차적 영향을 얘기할 거야. 사람이 많이 사는 지역일수록 땅이 많이 개발돼. 전 세계 땅의 80퍼센트가 인간에게 직접적인 영향을 받아. 지표면의 대부분이 인간의 영향을 받는다는 뜻이지. 인간들은 자신의 목적을 위해 자연을 도시로 만들어 집을 짓고 도로를 놔. 또 농경지로 활용하기도 하지. 이런 활동이 자연의 균형을 무너뜨리고 있어. 토양, 강, 숲, 산비탈에도 인간의 손이 미치고 있지. 이것 때문에 나의 자매 중에 대기권이 큰 영향을 받아."

"맞다!" 마리오가 외쳤다. "인간이 일으킨 변화에 따라 지구와 대기가 주고받는 빛과 열의 양도 변해. 예를 들어 사람이 많이 사는 지역에서 숲을 베어 내고 농사를 짓잖아? 얼마 전에 사람들이 새 건물을 지으려고 우리 집 맞은편 숲을 없앤 적이 있었어. 그랬더니 훨씬 더워졌지."

가이아가 웃으며 말했다. "정확한데! 지구가 사계절 내내 두꺼운 검은 망토를 입는 것 같은 일이 벌어지고 있어. 큰 변화가 일어나고 있지. 푸른 땅이 도시로 바뀌면 시멘트와 아스팔트가 망토처럼 땅을 덮어서 땅이 대기권과 주고받는 열의 양을 변화시키지. 빛을 반사하고 열을 흡수하는 땅의 능력이 바뀌기 때문이야. 또한 강물과 산속 샘물로 솟아나는 지하수도 균형을 잃게 돼. 중화학 공업 중심의 산업 활동과 화석 연

료를 뽑아내는 과정에서 대기에 온실가스를 직접 배출한다는 것도 잊지 마!"

마리오가 다시 쇼핑몰을 바라보며 말했다. "놀라워. 인간이 이토록 중요한 존재라니. 그런 우리가 한곳에서 살고 있다니!"

가이아가 고개를 끄덕이며 말을 이었다. "그럴 거야. 찻길과 고속도로만 떠올려도 땅을 이용하는 인간의 모습이 제대로 보여. 먼저 검은 망토 같은 아스팔트를 지표면에 깔면, 땅과 대기가 주고받는 에너지의 양이 변해. 도로를 다니는 차가 많아지면, 오염 물질과 온실가스가 많

이 나와. 도로가 동물들의 이동을 방해한다는 것도 잊으면 안 돼. 동물들은 계절에 따라서 이동하거나 때때로 먹이나 보금자리를 찾아서 이동해. 그런데 동물들한테는 사람들이 많이 사는 지역을 통과하는 게 아주 어려워. 특히 찻길과 고속도로는 넘기 어려운 장애물이거든."

할인 판매를 알리는 광고 방송이 흘러나오자 마리오와 가이아는 대화를 멈췄다. 광고 소리에 마리오는 현실로 돌아왔고 잠시 어리둥절한 채 서 있었다. 그 틈에 가이아는 사라지고 없었다. 그때 마리오의 친구가 다가와 말했다.

"마리오! 어떤 여자애가 너한테 이걸 전해 달래."

친구가 건넨 것은 온도계였다.

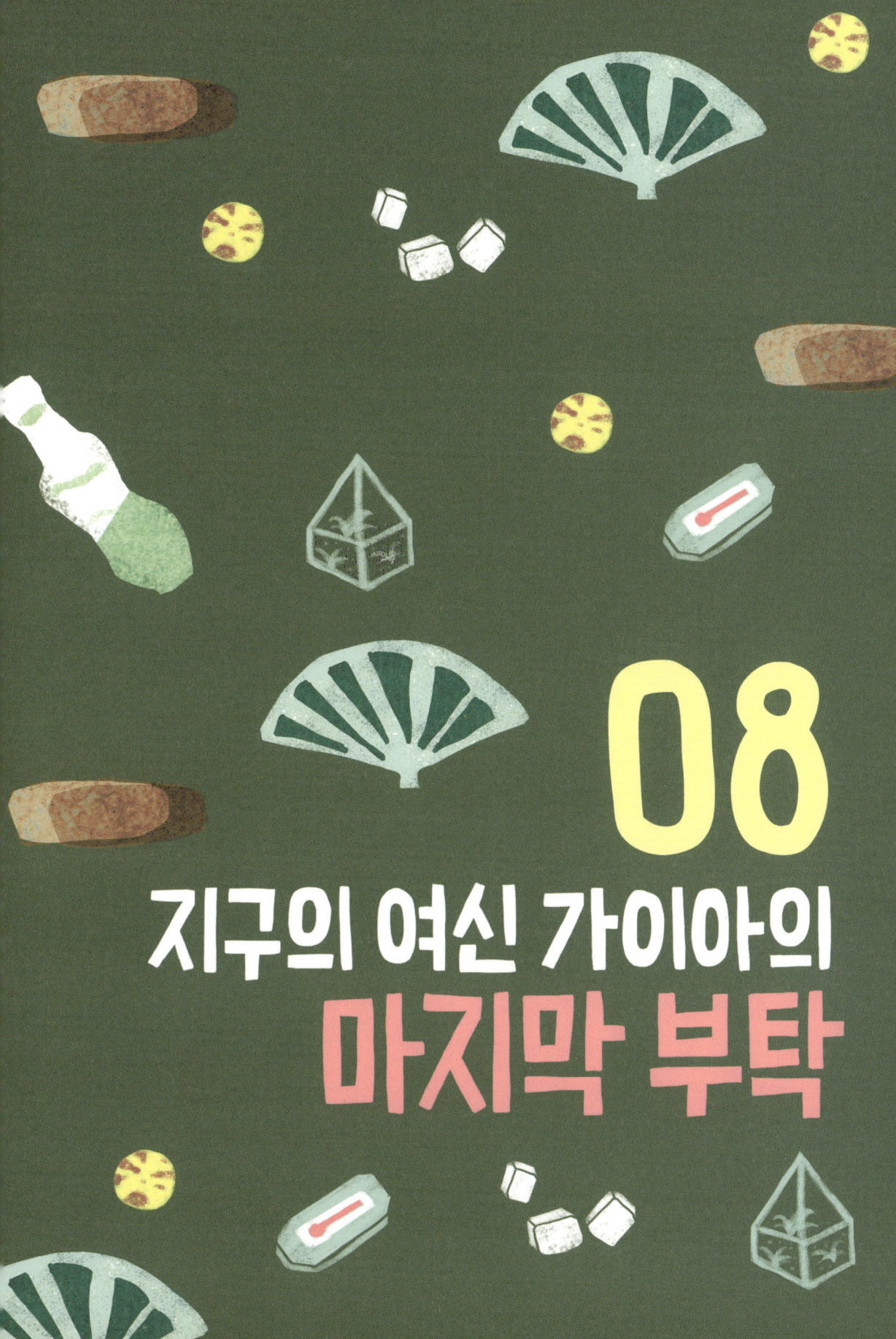

월요일 아침, 교실에서 만난 아이들은 왠지 들떠 보였다. 안나는 처음 보는 상표가 붙은 물병을 들고 있었다. 물병 한쪽 면에는 '수권'이라고 쓰여 있었다.

파비오가 말을 걸었다. "안나, 뭘 들고 있는 거야? 좀 이상한데?"

"상관하지 마! 마틸데한테 보여 줄 거야." 안나가 대답했다.

"아마 나랑 상관이 있을걸!" 파비오가 '지권'이라고 쓰여 있는 돌을 꺼냈다. "어제 경기를 마치고 돌아오는 버스 안에서 가이아, 그러니까 지권이 나를 찾아왔어!"

안나가 깜짝 놀랐다. "정말? 수영장에 있을 때 나한테도 가이아가 찾아왔어. 자기가 지구의 수권이라고 하던데? 그렇다면……."

"가이아가 화석을 만졌던 애들한테 모두 찾아갔구나!" 마틸데가 두 사람 곁으로 다가오며 말했다. 마틸데는 안나와 파비오가 손에 쥔 물병과 돌을 흥미롭게 바라보았다.

"이것 봐! 나는 '빙권'이라고 적힌 얼음주머니를 받았어. 또 누가 금요일에 화석을 만졌지?"

"글쎄……. 마리오가 만졌던 것 같아." 파비오가 대답했다.

방금 교실에 도착한 마리오가 아무 말 없이 자리에 앉았다. 세 아이들이 마리오 곁으로 다가갔다.

"자, 내놔 봐. 가이아가 너한테는 뭘 줬니?" 안나가 물었다.

마리오가 놀란 눈으로 셋을 쳐다보더니 배낭에 한쪽 손을 집어넣어 무언가를 꺼냈다. "이 온도계를 줬어. 지구의 인류권, 인간을 위한 온도계야!"

"멋지다!" 마틸데가 소리쳤다. "이제 우리 손에 단단한 땅, 물, 얼음, 사람이 있어. 또 뭐가 빠졌지?"

그때 안나가 휴대 전화에서 문자 메시지를 확인했다. 메시지를 보낸 사람은 클라우디아였다.

'나 아직도 열이 좀 나. 그런데 어제 정말 이상한 꿈을 꿨어! 깨 보니 내 옆에 '대기권'이라고 적힌 부채가 놓여 있었어.'

"이렇게 금방 답을 찾을 줄이야." 아이들이 신나게 웃었다.

"또 하나가 빠졌을 텐데?" 월터가 잔뜩 흥분한 친구들에게 다가와 말했다.

"뭐야. 너도?" 파비오가 소리쳤다. "월터, 너한텐 가이아가 어떻게 나타났니? 뭘 주고 갔어?"

"이것 봐." 월터는 책상 위에 흙과 개미가 담긴 유리 상자를 내려놓았다. 개미들이 만든 터널이 보였다.

"이제 다 모인 것 같아!" 안나가 자신 있게 말했다. "땅, 공기, 물, 얼음, 생물, 인간까지!"

"응, 내 생각도 그래. 일라리아 선생님도 지구를 이루는 여섯 가지 구성 요소에 대해서 말씀하셨잖아!" 마리오가 말했다.

"우리 이러지 말고 박물관에 가서 일라리아 선생님한테 어떻게 된 건지 들어볼까?"

"좋아!" 마틸데가 마리오의 말에 동의했다. "잠깐만! 집에 있는 클라우디아한테도 말해주자." 말이 채 끝나기도 전에 안나가 문자 메시지를 보냈다.

'4시, 박물관에서!'

"창문으로 꺼내는 한이 있더라도 반드시 클라우디아를 집 밖으로 나오게 할 거야." 안나가 말했다. "클라우디아가 아프다고 하면 마리오의 온도계로 열을 재면 되잖아?"

모두 크게 웃었다.

"얘들아, 이 온도계는 지구 온난화를 측정하는 데 써야 할 것 같아." 마리오가 말했다.

"아, 그러셔? 하필 네가 그런 얘기를 하다니! 이 모든 게 다 인류권 때문이잖아." 월터가 쌀쌀맞게 말했다. 파비오, 마틸데도 곱지 않은 눈길로 마리오를 노려봤다. 안나는 클라우디아와 정신없이 문자 메시지를 주고받았다.

"에이, 왜들 이래. 인류의 문화적 발전이 유전적인 진화를 능가한다고 나한테 화내면 안 돼." 마리오가 태연하게 친구들을 보며 말했다.

"그래, 그래. 잘난 척 좀 그만해. 지구에서 가장 큰 힘은 지권인 나한테 있거든!" 파비오가 우쭐대며 말했다.

"이런 식으로 한다 이거지? 나는 지구의 가

장 독특한 특징이야. 생물권은 지구 말고는 어디에도 존재하지 않는다고!" 월터가 끼어들었다. 이제 안나의 차례였다.

"맘대로 생각해. 하지만 지구에 생물이 살 수 있는 건 수권 덕분이야. 그뿐만이 아니야. 수권은 대기의 온도가 낮게 유지되도록 도와준다고!"

"얘들아, 싸우지 좀 마." 마지막은 빙권을 만난 마틸데였다. "나는 너희를 다 바꿀 수 있어. 상상도 못할 방법으로 말이야."

다시 안나의 휴대 전화가 울렸다. "얘들아. 클라우디아가 메시지를 보냈어. 내가 읽어 줄게."

'내가 대기라니 진짜 끝내준다! 지구 전체에 일어나는 변화를 모두 기록하는 게 바로 나야!'

하루가 금방 지나갔다. 수업을 마친 친구들은 박물관에서 만나기로 하고 헤어졌다.

어느덧 네 시가 되었다. 클라우디아가 옷을 잔뜩 껴입고 한 손에는 부채를 꼭 쥐고 나타났다. 아이들은 현관을 지나 박물관 복도에 들어섰다. 뜻밖에도 그곳엔 가이아가 서 있었다.

"안녕, 얘들아! 이렇게 다 모이다니 정말 기뻐! 나를 따라오렴."

잔뜩 기대에 부푼 여섯 아이들이 가이아를 따라 2층의 한 방으로 들어갔다. 커다란 창문으로 공원이 내려다보였다.

항상 그렇듯이 안나가 먼저 입을 열었다. "가이아, 너는 도대체 누구니? 나에겐 수권이라고 했고, 클라우디아에겐 대기권이라고……."

"나는 지구야." 가이아가 미소를 지으며 대답했다. "내 이름 **가이아**는 지구라는 뜻의 고대 그리스어야. 너희가 지구의 복잡한 특징들을 조금이나마 이해하길 바라며 한 명씩 찾아간 거야. 내 안에서 어떤 일이 일어나는지도 알려 주고 싶었지. 판을 움직이는 거대한 현상부터…"

지권을 만난 파비오가 자랑스럽게 아이들을 바라봤다.

"산호초가 만들어지는 것처럼 아주 미세한 현상도…"

이 대목에선 생물권을 만났던 월터가 힘차게 고개를 끄덕였다.

"그리고 바다의 해류처럼 빠른 현상부터 빙하기가 끝난 뒤에 땅이 솟아오르는 느린 현상까지!"

수권을 만난 안나와 빙권을 만난 마틸데가 의미심장한 눈빛을 주고받았다.

"지금 지구 전체에 큰 변화가 일어나고 있어. 나의 모든 부분이 변하고 있어. 기후 변화의 가장 대표적인 현상인 대기 온도 상승과 또 다른 현상들 말이야."

가이아의 말이 끝나자 클라우디아가 웃으며 고개를 끄덕였다. 마리오는 살짝 실망한 것 같았다.

"그래, 알겠어. 그런데 가이아. 모두가 다 인류권 때문이라고 해. 그런데 나는……."

"당연히 마리오 네 잘못이 아니야! 절대." 가이아가 마리오의 말을 가로막았다. "물론 과학자들 대부분이 최근 200년 동안 지구의 온도가 올라간 것을 인간의 탓이라고 말해. 그렇지만 사람들은 자신이 해야 할 일을 잘 알고 있지. 이미 기후 변화를 막는 활동을 시작했는걸. 두 가지 전략을 세워서 말이야."

마리오가 다시 우쭐했다.

"인간이 기후 변화를 막는다고? 대기의 이산화탄소를 흡수하는 건 생물권의 숲과 토양, 그리고 플랑크톤인걸." 월터가 끼어들었다.

"맞아. 하지만 바닷물이 기후 변화를 일으키는 온실가스 대부분을 흡수한다는 걸 기억하라고!" 안나가 말했다.

"다 맞는 말이야. 얼음은 태양으로부터 오는 에너지를 우주로 반사시켜. 화산이 내뿜는 화산재가 잠시 동안 지구의 온도를 낮추기도 하고." 이번에는 가이아가 말했다.

"그리고 인간은 기후를 연구한다는 거지? 예를 들어 기온과 강수량의 변화 같은 거?" 클라우디아가 물었다.

"응, 클라우디아. 인간은 지난 몇 세기 동안 기온과 강수량, 그리고 기상 변수라고 부르는 모든 정보를 수집하고 기록해 왔어. 오랜 옛날부터 대기의 온도를 측정하는 온도계, 비의 양을 측정하는 우량계, 대기의 압력을 측정하는 기압계 등을 설치한 관측소를 세웠지. 그 덕분에 여러 도시의 기후가 어떻게 변했는지 알 수 있는 다양한 데이터를 모았지. 이 데이터들을 기상 변수의 시계열이라고 해. 기후의 역사를 담은 아주 긴 세월의 일기장인 셈이지. 여러 시대의 과학자들이 자료를 수집해 기록했어. 이탈리아에는 아주 오래된 '기후 일기장'이 있어. 갈릴레오 갈릴레이의 제자들이 쓰기 시작한 건데, 무려 250년이 넘도록 매일 측정하고 기록했어."

"250년이라니! 그 일기 엄청 길겠다!" 파비오가 소리쳤다.

"맞아, 그래서 더욱 흥미롭고 매력적이야. 각 도시마다 이런 일기장이 있었고, 심지어는 동네별로 기록하기도 했어. 과학자들은 끈기 있게 하루하루의 기온과 강수량을 몇십 년간 기록했어. 그들이 관찰한 결과물과 관측 도구에 대한 기록이 우리한테 전해진 거야.

이 기록에는 과학자들이 무엇을 관측하고, 연구하고, 어떤 생각을 했으며, 어떤 것을 이해하지 못했는지 적혀 있어. 기온과 강수량만 기록한 게 아니라 과학자들의 연구와 인생이 고스란히 담겨 있어. 물론 지금도 일기를 작성하고 있어. 다만 대부분 컴퓨터가 자동으로 기록하지.

하나 더 얘기할까? 기후 변화와 지구 환경 문제에 관한 국제 협의체, 아이피시시IPCC라는 국제 조직이 있어. 여기에 속한 수천 명의 물리학자, 생물학자, 지질학자, 기술자 들이 4년마다 지구의 건강과 기후 상태를 담은 보고서를 만들어. 여기에는 기후 변화로 인한 최악의 상황을 어떻게 완화하고 적응해 나갈지에 관한 제안이 들어 있어."

"아, 맞다! 아까 인간이 두 가지 전략을 세웠다고 했잖아?" 마리오가 끼어들었다.

"맞아. 전략은 원래 전쟁을 대비하는 방법이나 책략을 가리키는데, 지금 인류가 기후 변화와 전쟁 중이니까 딱 맞는 말이야. 전략은 **완화 전략**과 **적응 전략**으로 나뉘어. 완화 전략은 말 그대로 온실가스의 배출을 줄여서 기후 변화를 늦추자는 거야. 적응 전략은 이미 일어나고 있는 기후 변화에 적응하는 일을 말해. 기후 변화를 막을 순 없더라도 피해를 줄이고 인간이 통제할 방법을 찾자는 거지. 너희도 두 가지 전략에 대해 들어 봤을 거야. 뭔가 떠오르지 않니?"

"글쎄. 석탄과 석유 같은 화석 연료 대신 태양열, 풍력, 지열 에너지 같은 **재생 가능 에너지**를 사용하는 것이 완화 전략인가?" 클라우디아가 대답했다.

"맞아!" 가이아가 소리쳤다. "태양열, 풍력, 지열뿐 아니라 바다의 파도가 만드는 에너지도 있어. 놀랍지? 재생 가능 에너지는 산업화된 나라뿐만 아니라 이제 막 발전하는 나라에서도 사용해. 물론 아직 널리 사용되는 건 아니야. 그래도 빛을 전기로 변환하는 **태양 전지**가 과거보다 많이 보급되었어. 태양 에너지 덕분에 석탄과 석유의 소비가 조금 줄었지. 다들 지붕 위에 설치된 태양 전지를 본 적 있지? 아마 너희 학교 지붕에도 있을걸.

또 다른 방법도 있어. 우리는 모두 날마다 밥을 먹으니까 농업과 축산업이 꼭 필요하잖아. 이산화탄소를 더 많이 흡수하고 온실가스를 덜 배출하는 방식으로 농사를 짓고 가축을 기르는 것도 도움이 되지.

"어떻게? 식량을 생산하려면 농업과 축산업을 멈출 수 없잖아." 월터가 물었다.

가이아가 다시 설명했다. "보전 농법이라는 방식이 있어. 농지가 기후 변화를 일으키는 가스를 더 잘 흡수하는 방식이야. 예전에 이탈리아에서 실험을 했는데, 소 대신 닭, 오리, 돼지를 키우고, 새로운 기술로 쌀농사를 지으면 메탄가스와 질소산화물이 적게 배출된대. 대기 중의 이산화탄소를 직접 제거하는 과학 기술도 연구 중인데, 이걸 지구공학이라고 해. 아직까지 검증된 건 없고, 어느 것도 간단한 기술은 아니

야. 하지만 여러 방법들을 실험하고 있어. 다행히 몇몇 실험 결과가 긍정적으로 나왔어."

"아까 도시화가 중요하다고 했잖아? 도시를 건설하고 거기서 살아가는 방법들을 고치면 도움이 될까?" 마리오가 물었다.

"물론이지. 대단한 건 아니지만 지금도 그런 일을 하고 있어. 새로운 건축 기술을 사용해서 건물을 지으면 에너지를 아주 적게 쓰면서 살 수 있어. 거기다가 태양열 같은 재생 가능 에너지를 사용하면 주변 환경에 아무 영향도 미치지 않을 수 있지. 이런 건물을 짓는 방식을 **지속 가능한 건축**이라고 해."

"아무 영향도 안 준다고? 에너지를 적게 쓰고 지구의 다른 '권'들에게 나쁜 영향을 미치지 않게 건물을 짓는단 말이지?"

"응, 마틸데." 가이아가 대답했어. "물, 열, 전기, 폐기물 처리 같이 필수적인 것을 스스로 해결할 수 있는 건물을 지으면 주변 환경과 조화를 이룰 수 있지. 그러려면 우선 건물 지을 장소를 신중히 골라야 해. 태양 에너지를 가장 효율적으로 쓰려면 집의 방향이 중요해. 우선 햇빛을 많이 받는 남쪽이 어디인지 확인해야겠지. 다음은 내부 구조를 설계할 때 부엌과 거실 같이 낮에 주로 쓰는 공간을 남쪽으로, 침실 같은 공간은 북쪽에 배치하는 거야. 이렇게 하면 겨울에도 부엌과 거실이 따뜻해.

또 창문은 대부분 남쪽에 배치하고, 북쪽에는 꼭 필요한 창문만 남겨 놓는 게 좋아. 그러면 태양 에너지는 최대로 받아들이고 열은 최소한으로 빠져나가지. 간단한 방법으로도 건물 내부의 열과 서늘한 공기를 잘 유지할 수 있어. 벽과 지붕에 단열재를 넣어 열이 잘 통하지 않게 하는 거야. 이때 합성 재료를 쓰기도 하고, 환경을 생각해서 코르크, 삼, 나무의 섬유질, 가축들이 먹는 마른풀 더미 같은 천연 재료를 쓸 수도 있어.

이렇게 하면 겨울에도 실내에 열을 잘 축적할 수 있고, 난방을 끄고 나서도 금방 추워지지 않으니까 에너지를 아낄 수 있어. 이게 우리가 할 수 있는 일이야."

"쓰레기를 재활용하는 방법도 있어!" 파비오가 덧붙였다. "해로운 가스를 막는 기술이 이미 있었네! 정말 멋진데?"

"그럼!" 가이아가 대답했다. "하지만 안타깝게도 이 기술들은 아직 널리 알려지지 않았어. 앞으로 더 많은 사람들이 알았으면 좋겠어. 과학자들은 완화 전략과 함께 시행할 두 번째 전략을 연구하고 있어."

"그게 적응 전략이구나!" 월터가 제대로 기억해 냈다.

"맞아!" 가이아가 외쳤다. "적응 전략은 이미 일어난 기후 변화와 앞으로 나타날 변화에 인간 사회가 적응하는 방식이야. 무척 극단적인 방법부터 부작용이 덜한 방법까지 종류도 다양하지. 한번 생각해 봐. 우리가 기후 변화에 어떻게 적응할 수 있을까?"

"음, 극단적인 방법이라면?" 파비오가 물었다. "이민을 가는 건 어때? 살기 위험한 곳이나 앞으로 그럴 가능성 있는 곳을 떠나는 거야."

"낯설고 슬픈 일이지만 파비오 말이 맞아. 투발루, 나우루, 키리바시 섬에 대해 들어본 적 있니? 이 섬들은 오세아니아에 있는데 최대 고도가 해수면과 몇 미터밖에 차이가 나지 않아. 해수면이 높아지면 사람들은 그 섬을 떠나야만 해. 그래서 이웃 나라 호주와 미리 협정을 맺었어. 그런 일이 생기면 주민 전체가 호주로 이주하기로 한 거야."

"맞다. 몰디브 공화국도 그렇다고 들었어!" 클라우디아가 외쳤다.

"참 슬픈 일이야. 이민은 가장 극단적인 적응 전략이야. 반면 알프스 산맥에서 실행하는 전략은 덜 극단적이야. 그곳의 사람들은 물을 모으는 방식을 바꾸고 댐과 수력 발전소를 재정비하고 있어. 비나 눈이 오는 현상이 바뀌고 그에 따라 강과 호수로 흘러드는 물의 양이 변해도 충분히 물을 확보하고 물이 넘치지 않게 하려는 거지."

"물이 넘친다고? 홍수 말이지, 가이아? 세계 곳곳에서 홍수가 난다는 소식이 자주 들려." 마틸데가 물었다.

"응. 물이 순환하는 방식이 달라졌기 때문이야. 그러니까 강에 댐을 설치하고 물을 활용하는 방법을 바꿔야 해. 기후 변화에 적응한다는 건 변화에 맞게 땅을 바꾸는 거야. 예를 들면 도시화가 심한 지역을 최대한 자연 상태로 만들고, 지구가 견디기 힘든 인간 활동을 더는 하지 못하게 막아야 해. 그런데 애들아, 눈이 잘 오지 않으면 산악 지역에서 어떤 일이 일어날까?

"글쎄, 스키를 못 타니까 인공 눈을 만들어 뿌려야 하지 않을까?" 클라우디아가 대답했다.

"그럴 수도 있어. 그런데 어떤 산악 지역은 다른 방식으로 적응한단다. 인공 눈을 만들려면 많은 양의 물과 에너지가 필요해. 비용이 많이 들지. 그래서 사람들은 예전에 없던 관광 산업을 개발했어. 지역 음식을 직접 요리해 보고 오솔길을 걷는 체험 말이야. 점점 더워지고 습해지는 도시를 벗어나고 싶어 하는 사람들의 욕구를 만족시켜 주거든."

"이런 시시한 것도 적응 전략이야? 관광 상품을 바꾸는 게?" 월터가 물었다.

"그럼! 앞으로 눈이 점점 더 적게 올 곳에는 인공 눈을 억지로 만들

려고 물과 에너지, 돈을 낭비하는 것보다는 새로운 관광 상품을 개발하는 게 더 실용적이야. 알프스의 많은 지역들이 이미 이런 계획을 세우고 있어."

"뭐가 또 있을까? 허리케인이 휩쓸고 간 미국의 뉴올리언스라는 도시가 생각나. 그리고 뉴욕도……." 마리오가 말했다.

"맞아. 최신 기술로 새로운 댐이나 둑을 건설해서 해안과 호수 지역을 지키는 것도 무척 중요해. 태풍이나 하천이 흘러넘치는 기후 변화에 대비하는 적응 전략이지. 네팔, 방글라데시 같은 개발 도상국에서도 이 전략으로 사람들의 생명을 가능한 많이 구하려고 한단다. 완화 전략과 적응 전략을 더욱 널리 알려야 해. 너희가 할 일이 있어."

"우리가?" 아이들이 깜짝 놀라 한 목소리로 물었다.

"응. 너희가 보고 알게 된 것을 친구들에게 말해 줘. 지구가 어떻게 작동되는지, 어떤 상황에 놓였는지 상세하게 이야기해 주렴. 얼음과 산호초, 산과 해양 컨베이어 벨트, 태양 에너지가 지구로 오는 과정부터 땅이 어떻게 무분별하게 개발되고, 기후 변화 전략에는 무엇이 있는지도 말이야.

　가능한 한 많은 사람들에게 지구가 어떻게 작동하는지 전하는 일이 제일 중요해. 과거와 현재에 어떤 일이 일어났고, 사람들이 어떤 일을 할 수 있고 왜 해야만 하는지 알려 줘. 아무도 말하지 않고 들으려고 하지 않는다면, 과학은 자신이 갈 길의 절반밖에 나아가지 못할 거야. 그러니까 너희가 해 줄 수 있지?"

찾아보기

ㄱ

가이아   96쪽
기상 변수   99쪽
기상 변수의 시계열   99쪽

ㄴ

내핵   22쪽

ㄷ

단층대   24쪽
대기권   36-43, 53, 67, 75, 87쪽
대륙 이동설   26-27쪽
대륙 지각   25쪽

ㅁ

마그마   23쪽
맨틀   22-23쪽
멕시코 만류   52쪽

ㅂ

반사율   67쪽
보전 농법   102쪽
북서 항로   53쪽
빙권   53, 58-68쪽
빙산   60쪽
빙상   53, 60, 62, 65쪽
빙하   60, 65쪽
빙하기   58, 62쪽

ㅅ

산호초   78쪽
생물 다양성   77쪽
생물권   70-80쪽
수권   47-55, 61, 65쪽
신기 조산대   25쪽

ㅇ

아이피시시(IPCC)   100쪽
암석권   23쪽
연약권   23쪽
열용량   49쪽
영구 동토   60쪽
온실 효과   39쪽
온실가스   38-41, 53-55, 68쪽
완화 전략   100쪽
외핵   22쪽
인류권   84-90쪽

ㅈ

재생 가능 에너지   100쪽
적응 전략   100, 105쪽
적자생존의 법칙   77쪽
지각   22-23, 25쪽
지구 온난화   30, 41, 63, 76쪽
지구공학   102쪽
지구의 알베도   67쪽
지권   20-31, 62쪽
지속 가능한 건축   103쪽

ㅌ

타이탄   72쪽
탐보라 화산   30쪽
태양 전지   100쪽

ㅍ

판   23-26쪽
포화   54쪽
플랑크톤   55쪽
피에이치(pH)   54쪽
피피엠(ppm)   40쪽

ㅎ

해빙   60쪽
해양 지각   25쪽
해양 컨베이어 벨트   49-51쪽
후빙기 반동   62쪽
훔볼트 해류(페루 해류)   52쪽

감사 인사
고맙습니다!

땅, 공기, 물, 얼음, 생명, 인간…….

이 이야기는 나 자신에게 수천 번도 넘게 들려준 것입니다. 나의 친구들과 동료들은 끈기 있게 내 이야기를 잘 들어주었습니다.

이 자리를 빌어 그들에게 고마운 마음을 전합니다.

마우리치오 마우제리, 정말 고맙습니다. 당신 덕분에 대기의 법칙이 얼마나 매력적이고, 질적으로 훌륭한 자료가 얼마나 우아한지를 깊이 깨달았습니다. 신중한 태도로 과학을 연구하고 이야기해야 된다는 것을 알려 준 레오나르도 가리볼디, 지속 가능한 건축과 재생 가능 에너지에 대한 용기와 희망을 전해 준 잔마리아 오리지와 미르코 팔리아, 적응 전략을 깊이 연구할 수 있게 도와준 루차 라티와 엘리엇 라니아도, 인류권도 올바른 목표를 가져야 한다는 것을 알려 준 루차노 카노바, 아다멜로 산 정상에서 뜨거운 애정을 가지고 생물권을 걱정한 알레시아 키아피니, 키아라 바카넬리, 마테오 아스토리, 그리고 발렌티노 바시에게도 고마운 마음을 전합니다.

끝으로 가이아 이야기에 귀를 기울여 준 프란체스카 달 네그로와 스테파노 산드렐리에게 특히 감사합니다. 두 사람이 없었다면 이 책은 세상에 나올 수 없었을 거예요.

잔루카 렌티니

우리가 어떻게 하면
가이아를 도울 수 있을까?
너의 생각을 적어 봐!